À GAUCHE EN SORTANT DE L'HYPER MARCHÉ

DE LA MÊME AUTEURE

Alter égaux, Robert Laffont, 2001.

Les Droits des femmes. L'inégalité en question, Milan, « Les essentiels », 2003.

Les Machos expliqués à mon frère, Seuil, 2008.

Transformer à gauche, Seuil, 2009.

Un beau jour... Combattre le viol, Indigène éditions, 2011.

Le Retour du peuple, Stock, 2012.

Elles se manifestent – Viol, 100 femmes témoignent, Don Quichotte, 2013.

Ne me libère pas, je m'en charge. Plaidoyers pour l'émancipation des femmes, Flammarion, 2013, rééd. 2018.

Nous avons raison d'espérer, Flammarion, 2015.

1968-2018. Notre liberté contre leur libéralisme, Éditions du Cerf, 2018.

Dites-lui que je l'aime, Grasset, 2019.

CLÉMENTINE AUTAIN

À GAUCHE EN SORTANT DE L'HYPER MARCHÉ

BERNARD GRASSET
PARIS

Photo de couverture : © Getty

ISBN 978-2-246-82523-4

« Un frigidaire, un joli scooter, un atomixer
Et du Dunlopillo
Des draps qui chauffent
Un pistolet à gaufres
Un avion pour deux...
Et nous serons heureux ! »

Boris Vian, *La complainte du progrès*.

Interroger le banal, le quotidien

« Errer dans un hypermarché comme si l'on n'y comprenait rien. Fixer d'un œil perdu les milliers de sachets, tubes et boîtes posés sur les rayons. S'égarer dans ce magma rectiligne. Laisser venir une première question élémentaire, ahurie : "qu'est-ce que c'est ?" »

Philippe Garnier, *Mélancolie du pot de yaourt*, Premier parallèle, 2020.

« La vie. La vraie. »

Slogan du groupe Auchan, 2001-2006

Je suis souvent perdue devant l'immensité de l'hypermarché. Les kilomètres de rayons, les néons, les pancartes de promotion de ce haut lieu de la démesure me donnent le vertige. Pourtant, j'y suis sans cesse ramenée, par nécessité mais aussi parce que tout concourt à *nous* y attirer. Des femmes et des hommes, des employés et des cadres, des ouvriers et des auto-entrepreneurs, des chômeurs et des intermittents, des sans-abri et des sans-papiers, des professeurs et des élèves, des fonctionnaires et des libéraux, des propriétaires et des locataires, des pauvres et des riches, des jeunes et des vieux… s'y croisent de façon anonyme. Nous ne sommes pas égaux devant l'hypermarché mais ce lieu commun nous rassemble. Que venons-nous au juste y chercher ?

Les hypermarchés façonnent le quotidien d'une majorité de Français, la grande distribution est devenue une puissance financière considérable, les villes sont profondément marquées par le développement des grandes surfaces… et pourtant, leur univers est un grand absent de la littérature, comme l'a relevé l'écrivaine Annie Ernaux en publiant *Regarde les lumières mon amour*, un journal de ses escapades dans un centre commercial. Un sujet marginal de la production en sciences sociales. Un angle mort du débat public. Est-ce parce que nous y faisons nos courses, une tâche relevant de la sphère privée, et donc traditionnellement féminine, considérée comme secondaire ? Est-ce en raison de l'ancrage très parisien, qui confine parfois au snobisme, de nombreux grands auteurs, responsables politiques de premier plan ou éditorialistes qui n'ont pas l'habitude de les fréquenter et nourrissent un *a priori* méprisant à l'égard des hypermarchés, perçus comme laids et destinés à des masses dont ils entendent se distinguer ?

Ne nous y trompons pas : l'hypermarché est un lieu politique. En y tournant et en y retournant, j'ai acquis la conviction qu'il donne à voir les impasses et les malaises contemporains, du fétichisme de la marchandise au gaspillage mortifère, de l'exploitation humaine au développement inégalitaire des territoires, de la mise sous surveillance de nos libertés au rythme accéléré de nos vies contemporaines. Les hypermarchés et les centres commerciaux nous alertent sur ce qui dysfonctionne en profondeur dans notre société, sur ce que nous devons remettre à l'endroit. Tout y est, là, sous nos yeux, si nous prenons la peine de les ouvrir et d'observer « ce qui se passe chaque jour et qui revient chaque jour, le banal, le quotidien, l'évident, le commun, l'ordinaire, l'infra-ordinaire, le bruit de fond, l'habituel », pour le dire avec les mots de Georges Perec.

Au cœur de la crise du Covid-19, les portes des librairies, les terrasses des cafés et les musées ont fermé, quand celles des hypermarchés sont restées grandes ouvertes. Les parcs comme les marchés, les forêts et les plages, ont largement été interdits d'accès alors que ces espaces à l'air libre n'étaient évidemment pas plus dangereux que les grandes surfaces d'Auchan ou de Carrefour. Le gouvernement a ainsi donné à voir le sens des choix politiques qui régentent nos vies, et qui ne datent pas d'aujourd'hui. L'hypermarché est apparu aux yeux du pouvoir comme indispensable à notre survie collective, contrairement aux espaces culturels et naturels, aux endroits de convivialité et de lien. Il est vrai que nous y trouvons de quoi manger mais la fonction de l'hypermarché dépasse, outrepasse totalement ce besoin fondamental. Le temple de la consommation absorbe les porte-monnaie et l'énergie libidinale pour les tourner vers l'acte d'achat et le désir de parvenir. Dans cette course à la possession illimitée, il véhicule et matérialise les valeurs d'une société adossée à la loi du profit et courant à sa perte.

S'ils représentent encore 11 millions de mètres carrés, 2 232 enseignes et 72 milliards d'euros de chiffre d'affaires, les hypermarchés ressemblent à une étoile morte dont la lumière vacille. Le désamour des Français pour ces grandes surfaces a précédé la crise sanitaire, durant laquelle on a vu davantage de gens éviter le superflu et s'approvisionner dans les petits commerces de proximité ou directement au producteur. La vigilance nouvelle de la population à l'égard de ce qu'elle consomme, le commerce sur Internet, la fatigue de l'éloignement de l'hypermarché par rapport au lieu d'habitation avaient déjà fragilisé ce mastodonte. Bien avant le drame sanitaire, la grande distribution s'était pourtant mise sur le pied de guerre pour « adapter son offre » et « capter les nouvelles tendances ». Et pour cause : face à elle, la concurrence s'est sérieusement déployée et menace son emprise sur le marché lucratif de la grande consommation. Même s'ils y résistent en adaptant leur stratégie, les hypermarchés ont d'abord été confrontés à l'essor du *hard discount* et à l'éclosion d'enseignes de plus petites surfaces, aux prix bas et aux choix restreints. À côté de ces Lidl et autres Leader Price qui s'adressent à un public aux faibles revenus, les magasins bio et leurs chaînes – Biocoop, La Vie Claire, Naturalia… – ont eux aussi gagné du terrain, notamment au centre des métropoles, captant une clientèle aux revenus plus confortables. Un système de consommation, plus ouvertement à deux vitesses, se déploie avec ses dynamiques d'inégalités sociales et territoriales. Quant aux années à venir, elles ne semblent guère plus prometteuses aux hypermarchés tels que nous les connaissons. Amazon a mis au point un concept du *Just Walk Out*, un magasin sans employés de caisse, sans files d'attente mais totalement connecté et surveillé.

Le géant américain a commencé à le déployer aux États-Unis et rêve de l'importer en France.

Où va-t-on ? Et si on sortait plutôt de l'hyper… par la gauche ?

Le fil consumériste de l'histoire

« Denise, depuis le matin, subissait la tentation. Ce magasin, si vaste pour elle, où elle voyait entrer en une heure plus de monde qu'il n'en venait chez Cornaille en six mois, l'étourdissait et l'attirait ; et il y avait, dans son désir d'y pénétrer, une peur vague qui achevait de la séduire. »

Émile Zola, *Au bonheur des dames,* 1883.

« En deux siècles seulement, la communauté paysanne autarcique s'est effacée pour laisser place à une myriade de consommateurs urbains et connectés [...] Notre régime de consommation est un mode d'organisation sociale. »

Anthony Galluzzo, *La Fabrique du consommateur. Une histoire de la société marchande*, Zones, 2020.

En janvier 2019, un rapport de l'ObSoCo – Observatoire Société et Consommation – donnait à voir le recul des hypermarchés. Si ces temples de la consommation restent extrêmement fréquentés, puisque 94 % des Français s'y rendent au moins une fois par an, dont 49 % au moins une fois par mois, 71 % des personnes interrogées estiment que ce format a sa part de responsabilité « dans la crise économique et sociale que connaît la France ». La maximisation du profit de la grande distribution est pointée du doigt, comme le défaut de qualité, d'authenticité et de convivialité. La chute désormais prévisible de l'hypermarché signifie-t-elle pour autant la fin des logiques qui l'animent ? Ce serait ne rien voir de la « destruction créatrice », cet « ouragan perpétuel » qui maintient en mouvement la machine capitaliste, comme le décrivait déjà Joseph Schumpeter en 1942. À moins que, plus précisément, il ne s'agisse d'une création destructrice. « Que tout change pour que rien ne change. » La formule de Giuseppe Tomasi di Lampedusa dans *Le Guépard* va comme un gant à ce monde qui ne tourne pas rond mais tourne bel et bien en rond.

Revenir aux sources de la grande distribution permet de saisir ce fil continu. Les hypermarchés comme les centres commerciaux sont les héritiers des grands magasins et des supermarchés apparus avec le régime de la consommation, qui se met en place au tournant des XIXe et XXe siècles. Les nouvelles technologies de transport, les capacités de conteneurisation et d'informatisation, l'essor de la communication de masse ont progressivement façonné notre industrie et nos comportements. La circulation exponentielle des êtres humains et des marchandises s'est accompagnée d'une urbanisation croissante. Ce grand mouvement a totalement modifié notre rapport à la marchandise. Là où la famine était toujours menaçante, la nourriture est soudain devenue abondante mais au prix d'une évolution importante : le consommateur ne peut plus mesurer les efforts accomplis pour fabriquer un produit, en estimer son coût ou en connaître les constituants. Dans les sociétés paysannes, qui reposaient sur l'autarcie et la subsistance, on savait qui avait confectionné, et comment, ce que l'on s'apprêtait à acheter ou échanger. Désormais, l'objet de convoitise est mystérieux, presque miraculeux.

À mesure qu'elle s'étendait, de la bourgeoisie à toutes les classes sociales, des grandes villes à l'ensemble du territoire, la société de consommation a donc bâti ses temples. Les supermarchés et les grands magasins permettaient à la fois de concentrer des produits, de constituer des stocks, et d'expérimenter des techniques commerciales innovantes, du libre-service au marketing. Le premier magasin du genre a ouvert ses portes en septembre 1916 à

Memphis, sous le nom de Piggly Wiggly. Son propriétaire, Clarence Saunders, proposait à ses clients des marchandises préemballées et déjà prévendues par la publicité. Les étagères et les gondoles permettaient aux clients de toucher les produits et de se servir eux-mêmes. Une petite révolution ! Le concept a été repris et affiné dans la foulée de la crise de 1929 qui, comme bien des crises, a permis au capitalisme de se réinstaller en se réinventant. Michael Cullen installe alors un premier supermarché dans un garage désaffecté à New York et reprend à son compte les stocks que les fabricants ne parviennent pas à écouler, pris à la gorge par la grande dépression économique. Son enseigne, King Kullen, affiche pour slogan : « Des piles très hautes, des prix très bas. » Sans vitrine ni comptoir, les marchandises sont empilées les unes sur les autres, les cageots de fruits et légumes posés à même le sol. Michael Cullen était convaincu qu'il fallait abandonner les centres-ville, où la circulation automobile était devenue trop difficile, pour s'installer en zone périphérique, sur des surfaces moins chères, dix fois plus vastes et adossées à des parkings. Des pages de publicité dans la presse vantaient des prix particulièrement bas, d'environ 30 à 40 % par rapport aux commerces traditionnels. Les bases du concept de supermarché ainsi posées, le succès fut immédiat. Dans les années 1950, ces formes de commerces se sont implantées en Europe occidentale. C'est un certain Bernardo Trujillo qui a théorisé leur transposition à grande échelle, sous la forme de l'hypermarché que nous connaissons. Son objectif ? « Créer un îlot de perte dans un océan de profit. » Tout un programme…

Si la France a accusé un retard dans le développement des supermarchés, notre pays a été le premier au monde à ouvrir un hypermarché : le Carrefour de Sainte-Geneviève-des-Bois, en Île-de-France, en 1963. Cette véritable « usine à vendre », ouverte jusqu'à 22 heures et qui réunissait de l'alimentaire et du non-alimentaire, a alors suscité une immense attraction des clients et des journalistes. Le rayon de la boucherie était étendu sur plus de 14 mètres, celui de la crémerie sur plus de 10 mètres. 12 caisses enregistraient les dépenses des clients. Caractérisés par leur surface d'au moins 2 500 mètres carrés, les hypermarchés se sont multipliés comme des petits pains, ou peut-être devrions-nous plutôt parler d'énormes soufflés. Dans les années 1970, cet essor s'est également traduit par une vague de création de centres commerciaux. À Belle Épine, Vélizy 2, La Défense, Rosny 2, au Forum des Halles, des magasins de petite taille s'installent dans de vastes espaces couverts. Dans le même mouvement, les grands hypermarchés se dotent de plus en plus de galeries marchandes. Carrefour se lance dans la distribution d'essence à un prix défiant toute concurrence : l'enseigne ne dégage aucune marge mais appâte ainsi le client. Le triptyque automobile-chariot-parking symbolise alors une nouvelle manière de consommer, sans contrainte de volume, de distance, de temps.

À leur apogée, ces lieux figurent la modernité et l'abondance. Les fameuses « Trente Glorieuses » ont associé l'idée de progrès et de consommation, comme une formule du bonheur. Il est vrai qu'à la fin des années 1940, on manquait de tout. Au début des années 1970, le confort s'est massivement invité dans les foyers. Le chauffage, la douche, la machine à laver, l'aspirateur se sont installés progressivement dans les maisons ouvrières, et ce n'était pas du luxe. Le pouvoir d'achat d'une heure de travail fut multiplié par trois entre 1948 et 1976, fruit de compromis dans les rapports de classes qui ont permis un meilleur partage de la valeur ajoutée. La mécanisation des tâches domestiques, l'ouverture de l'horizon avec la mobilité, les nouveaux modes d'accès à la culture et à l'information, le réfrigérateur et le lave-linge, les soupes minute et les bâtons de glaces, la télévision et le livre de poche… Les Français ont massivement pris goût à cette accumulation de biens, associée à l'élévation du niveau de vie. Il ne manque plus que le crédit à la consommation pour stimuler la demande. La société tout entière est entraînée dans une ronde des objets que seuls quelques courants critiques, des associations de consommateurs, des écologistes, des intellectuels comme Jean Baudrillard, André Gorz ou Henri Lefebvre remettent en cause. La bascule dans l'hyperconsommation se fait quasiment à bas bruit, dans une forme de continuité, comme si les yeux ne s'étaient pas ouverts sur la mécanique des inégalités, le désastre environnemental de ce modèle de développement et la vacuité de la fuite en avant dans l'achat.

L'usage encouragé de la voiture polluante, la place de la marchandise dans nos vies, la faillite pour notre écosystème, la concentration économique, l'impact sur les commerces de proximité en centre-ville, le gaspillage de produits alimentaires et d'emballages... rien de tout cela n'a enrayé la dynamique de l'hyper. Les politiques publiques ont d'ailleurs accompagné ce mouvement avec bienveillance, additionnant décrets et lois pour favoriser ces implantations. Il y eut bien une loi dite Royer en 1973 pour complexifier la création de grandes surfaces, en soumettant à agrément l'ouverture de magasins de plus de 1 000 mètres carrés, mais rien de très contrariant pour la grande distribution. La

France est ainsi devenue le pays d'Europe à la plus forte concentration de grandes surfaces. En 1975, notre pays comptait 264 hypermarchés. En 2001, ils étaient 1 211, et depuis, leur nombre a quasiment doublé. Quant aux centres commerciaux, on en compte aujourd'hui plus de 800. Progressivement, le capitalisme commercial a pris l'ascendant sur le capitalisme industriel, nos territoires et nos vies se sont moulés dans cet univers, créant une dépendance à la fois matérielle et symbolique. Ce qui se joue dans les grandes surfaces, ce n'est pas seulement l'écoulement du surplus de production dans un monde tourné vers la recherche de profit illimité, c'est aussi la construction des identités et des représentations par un jeu de distinction sociale passant par la consommation. Les produits sont investis de signes, de symboles, de références qui permettent de s'inscrire dans la société.

Je suis élue d'une banlieue populaire où les quotidiens comme les imaginaires sont particulièrement façonnés par ces mastodontes de la consommation. Dans les villes de Seine-Saint-Denis, et plus encore quand on avance vers le nord et l'est du département, les bars et les supérettes ne sont pas légion. Il n'est pas si simple d'acheter un tee-shirt ou un livre sans passer par une grande case commerciale. Et à l'enjeu de l'accessibilité s'ajoute celui du prix :

l'impératif du porte-monnaie invite à se rendre à l'hyper plutôt qu'au petit commerce, pourtant plus proche du domicile. Les gilets jaunes autour des ronds-points d'autres périphéries ont aussi mis le doigt sur cette réalité territorialisée : une désertification croissante du centre des petites et moyennes villes nous amène toujours plus loin, dans des espaces homogénéisés et impersonnels, pour trouver les biens nécessaires et superflus – pour ceux qui ont les moyens du trop-plein mais aussi pour ceux qui ne les ont pas. Au fur et à mesure, des agences bancaires, des bureaux de La Poste, des cinémas, des restaurants... ont pris place dans ces complexes pour former des lieux *ex nihilo* prétendant à la totalité d'une ville idéalisée, sans histoire, construite autour de la consommation. Dans le quartier des Beaudottes, à Sevran, la galerie commerciale avec son Carrefour tient lieu d'espace de rencontres. Les gens ne font pas que s'y croiser anonymement en faisant leurs courses. Elle est partie intégrante de la vie du quartier. On s'y réchauffe l'hiver, on y prend le frais l'été. L'univers marchand de « Beau Sevran », nom donné à cette zone commerciale, s'est mué en lieu d'interactions, de sociabilité.

Nous avons pris une telle habitude de ces grandes surfaces que nos schémas de pensée en sont profondément affectés. La dynamique de l'hypermarché s'est installée dans nos esprits et quotidiens, comme s'il fallait toujours l'encourager et la faire grossir pour éviter que le système ne s'écroule. Après le « super », puis l'« hyper », bientôt l'ère du « giga » ? Les possédants n'ont pas d'autres idées en tête que de passer d'un superlatif à l'autre. Ainsi, la famille Mulliez, propriétaire du groupe Auchan, a imaginé avec son projet Europa City transformer 640 hectares de terres agricoles sur le Triangle de Gonesse, dans le Val-d'Oise, en un immense complexe commercial. Au départ, la création d'une piste de ski artificielle était même envisagée, au milieu des boutiques et des hôtels ! Le coût environnemental d'une telle opération a immédiatement mobilisé de nombreux militants et réseaux écologistes. Le Collectif pour le Triangle de Gonesse (CPTG) a porté si haut et fort la critique que le gouvernement a dû renoncer à Europa City, sans doute hanté par la perspective d'un Notre-Dame-des-Landes francilien. Au début de la mobilisation, le réalisateur Geoffrey Couanon a suivi trois jeunes du lycée Jean-Rostand à Villepinte enquêtant sur le projet gigantesque de Gonesse. Comme presque tous les élèves de leur classe de première, Amina, Sami et Jennyfer étaient, au départ, séduits par Europa City. Après tout, que faire le week-end pour sortir avec les copains sinon aller au centre commercial ? Traîner dans un endroit abrité, où l'on croise du monde, où l'on a ses habitudes, l'emporte souvent sur l'idée de se balader au Parc du Sausset, de se rendre au cinéma Jacques-Tati ou de faire un tour à la « micro-folie », musée numérique et espace animé en plein cœur d'une cité populaire. Personne ne peut dire qu'il n'y a rien d'autre à faire en Seine-Saint-Denis où la créativité culturelle et associative est particulièrement vive, mais aller au centre commercial constitue comme un premier réflexe de sortie, surtout pour les plus jeunes. Le documentariste l'a constaté lors de sa tournée dans les lycées du département pour présenter son projet. Mais, au fil de l'enquête, les trois lycéens ont découvert les enjeux agricoles et la notion de circuits courts, se sont interrogés sur le sens d'Europa City, se sont forgé leur propre esprit critique. Que faire, que bâtir si l'on s'éloigne de la société de consommation ? La réponse n'a rien d'évident dans notre monde si tourné vers la marchandise et le spectacle, dans nos territoires si marqués par les grandes zones commerciales.

L'alternative « Carma » pour le Triangle de Gonesse permet de mesurer le champ des possibles pour bâtir de grands projets utiles. Elle n'est pas venue du sommet de l'État, de technocrates ni de chefs de projet commerciaux mais d'un groupe de citoyens engagés qui a pensé un développement urbain sorti des sentiers battus. L'idée, c'est de faire vivre une économie circulaire pour cultiver et se cultiver. Sur ces immenses terres agricoles, coincées entre deux aéroports, on peut maintenir du maraîchage, assurer une vente de produits alimentaires sains et de proximité, construire un espace de recyclage, garantir une restauration de qualité à bas coût, implanter un lieu de formation aux métiers de l'environnement… C'est une tout autre conception de l'aménagement territorial puisqu'elle vise à répondre non pas aux besoins du capital de grands groupes de s'accroître mais aux besoins essentiels des habitants, y compris en matière de création d'emplois, tout en protégeant l'écosystème. Ailleurs, à Barcelone ou à Montréal, de telles innovations ont vu le jour et nous ouvrent la voie.

Faire autrement, c'est souhaitable et possible, mais encore faut-il en avoir l'idée, et même *pouvoir* en avoir l'idée tant les conceptions des décideurs sont enfermées dans le moule dominant du productivisme et du néolibéralisme. J'aime le mot pouvoir quand il est à cette place. Il dit la liberté de concevoir et la capacité d'agir.

Une atmosphère pour l'achat compulsif

« Nous sommes au point où la "consommation" saisit toute la vie, où toutes les activités s'enchaînent sur le même mode combinatoire, où le chenal des satisfactions est tracé d'avance, heure par heure, où "l'environnement" est total, totalement climatisé, aménagé, culturalisé. »

Jean Baudrillard, *La Société de consommation*,
Denoël, 1970.

« Il est très difficile de résister aux promotions et aux événements – le linge, le vin, Noël, les œufs de Pâques, les maillots de bain, les fournitures scolaires. Notre docilité est sans limites. De grands panneaux quasi hallucinatoires vous avertissent des prix pseudo cassés. On a la foi, et on amasse. C'est le Grand Ravitaillement. »

Annie Ernaux, entretien donné à *L'Express*,
4 avril 2014.

À vrai dire, l'univers des hypermarchés et des centres commerciaux ne m'est devenu familier que tardivement : quand j'ai passé le périphérique. J'ai fait mes études supérieures à l'université de Saint-Denis et je vis dans le 93 depuis treize ans mais j'ai grandi autour de la place Clichy à Paris. Mes parents, artistes, n'avaient même pas leur permis de conduire. Le métro à deux pas permettait de circuler. C'est en classe de géographie au collège que j'ai découvert la configuration urbaine liée aux hypermarchés et centres commerciaux excentrés. Allez savoir pourquoi, ce cours m'avait marquée. Je revois la professeure nous expliquant, graphiques et photos du manuel scolaire à l'appui, la façon dont les « zones commerciales » avaient transformé l'organisation des territoires. J'avais trouvé étrange cette concentration des magasins en périphérie qui supposait pour tous de prendre la voiture, qui défigurait les centres urbains, déshumanisait et uniformisait l'acte d'achat. Évidemment, ce n'était pas aussi formalisé dans ma tête d'adolescente mais je me souviens avoir pensé quelque chose de cet ordre. Cette réalité m'avait fascinée, je la voyais de loin, d'un bout d'hyper-centre où tout se faisait à pied, les commerces alimentaires comme les cinémas ou les librairies se rejoignant en quelques minutes sans voiture, sans bien me rendre compte que les cœurs de métropoles étaient eux aussi transformés, pour des plus fortunés, en centres commerciaux géants à ciel ouvert, chaque mètre carré de rez-de-chaussée trouvant progressivement magasin à ses pieds. Ce n'est qu'en déménageant pour chercher de l'espace avec l'arrivée de mes enfants que j'ai découvert une autre urbanité. Voir le ciel, se sentir moins envahie par le bruit et moins sollicitée par les boutiques à chaque coin de rue, j'ai très vite apprécié. Contrainte de passer mon permis et de séjourner désormais un temps considérable dans ma voiture, j'ai découvert le tropisme de l'hypermarché et autres galeries commerciales. Ce dont je suis sûre, désormais, c'est que les hypermarchés ne sont pas des non-lieux, c'est-à-dire des espaces sans relations sociales. Des normes s'y diffusent, des échanges s'y nouent, des identités s'y façonnent.

Ce qui m'a frappée au début, avant de ne plus y prêter attention, c'est la sensation. Pénétrer l'hypermarché ou le centre commercial, c'est un peu comme entrer dans une bulle. À Cora comme à Hyper U, à O'Parinor comme à Nice Étoile, il fait toujours beau, il ne pleut jamais, l'air est climatisé. N'en déplaise aux scientifiques du climat, il paraît qu'un niveau de chaleur nettement supérieur à 20 degrés est propice à l'achat. L'impression d'être enfermé se mue rapidement en ouverture sur la consommation. Comment ne pas ressentir à quel point les hypermarchés et centres commerciaux sont des lieux de jouissance ? Comme dans une chasse aux trésors, nous déambulons dans le monde étourdissant du spectacle de la marchandise, avec son festival de nouveaux produits et ses indices pour dénicher les bonnes affaires. Les grandes surfaces n'en restent pas moins des machines à fabriquer de la frustration. La marchandise s'expose et se renouvelle dans un flot dense et continu que personne ne peut suivre. Fête des Mères ou de Noël, Black Friday ou Halloween, semaine du blanc ou quinzaine du vin… les occasions de porter notre attention et nos sous sur telle ou telle catégorie de produits ne manquent jamais. La frustration, cette émotion générée par tant de possibilités que l'on ne peut jamais atteindre, a pour fonction de nous donner l'envie d'y revenir. Inlassablement insatisfait, notre désir cherche à s'assouvir encore et toujours. Dans cette quête, dans cette jungle, le parcours est tracé. Dans Hyperpolis, le supermarché au bord de la mer au cœur du roman fascinant de J.M.G. Le Clézio, *Les Géants*, où se croisent Bogo le muet, une jeune femme nommée Tranquillité et un jeune homme appelé Machines, « on a piégé les couleurs, les bruits, les musiques, les formes ! On a piégé la lumière ! On a piégé les désirs ! ». Dans leur tourbillon de marchandises, les Maîtres du langage y ont englouti la pensée et la vie. Cette fiction poétique, qui sonne comme un cri de révolte, aiguise notre compréhension du réel. Même si le client peut n'en faire qu'à sa tête, l'hypermarché nous invite à circuler d'*espace* en *espace*, dédiés aux bébés, aux boissons ou aux produits d'entretien, comme si notre horizon était infini. Par la scénographie de tous ces biens à consommer, c'est notre sentiment de bien-être, de liberté et d'excitation qui est recherché. Les lumières se veulent chaleureuses, un fond musical tend à nous bercer quand ce ne sont pas des jingles ou des annonces qui nous guident vers les « bons plans » et autres « séries limitées ». Des plantes vertes, fussent-elles en plastique, viennent opportunément ici ou là nous donner l'impression de respirer. Les personnels d'un espace pâtisserie peuvent porter une toque et un tablier même s'ils n'ont pétri aucune pâte. L'enjeu n'est pas l'authenticité mais le ressenti. Dans les hypermarchés, on ressent le froid dans les rayons frais, on sent les odeurs de pain chaud dans les allées de la boulangerie ou l'encre du papier en traversant les étalages de papeterie. Les experts en neurosciences savent que l'odeur est rattachée de manière directe à nos émotions : l'être humain retiendrait 35 % de ce qu'il sent, entre 10 et 15 % de ce qu'il voit, et moins de 10 % de ce qu'il entend. C'est pourquoi plus de 10 000 enseignes ont aujourd'hui recours au « marketing sensoriel ». Activer tous les sens, c'est conduire les clients à rester le plus longtemps possible dans l'espace commercial, à y être fidèles et *in fine* à acheter toujours plus de produits.

Les hypermarchés et centres commerciaux s'adressent au corps. Le temps de cerveau disponible, c'est bon pour la publicité. Nous arrivons dans les grandes surfaces la tête remplie de spots, de slogans, de promesses. Habilement insérées entre deux pages d'un magazine ou imposées de façon toujours plus agressive et intrusive sur nos écrans de télévision, d'ordinateur ou de smartphone, ces images cherchent à nous rendre plus poreux aux sollicitations dans le magasin. Quand nous déambulons dans les allées de l'hypermarché ou du centre commercial, le travail a été prémâché par les 1 200 à 2 000 messages publicitaires auxquels nous sommes confrontés chaque jour – soit six fois plus que dans les années 1980 ! Leur efficacité est loin d'être totale parce que notre cerveau ne retient qu'une petite partie de ce matraquage et que nous ne sommes pas des machines, sans recul ni esprit critique. Mais qui peut dire qu'il n'en reste rien ? Devant les rouges à lèvres, un tube L'Oréal nous renvoie « Parce que je le vaux bien ». Face aux étalages de friandises, « un Mars et ça repart ». Au rayon jouets, « Playmobil, en avant les histoires ! ». Les messages associés à l'objet nous prennent par la main. Le produit n'est pas seulement un bien matériel répondant à un besoin objectif, il est investi de sens et de fantasmes.

Loin de nous traiter comme de simples moutons de Panurge, les stimulations se révèlent toujours plus personnalisées. Elles se rapprochent de chacune et chacun d'entre nous, en fonction de notre position sociale, de notre style de vie, et désormais de nos goûts repérés par nos clics sur Internet. Alors qu'ils font miroiter la facilité, la gratuité et la transparence, les *big data* – Google, Apple, Facebook ou Amazon – ne cessent de vendre aux annonceurs nos morceaux de vie, nous réduisant à l'état de consommateurs compulsifs. Tout juste avons-nous regardé une fois sur notre écran telle paire de chaussures ou tel mixeur spécial smoothie, les voici apparaître et réapparaître au cours des navigations suivantes. Transformés en « cibles », nous sommes suivis, pistés, harcelés. Nos espaces mentaux, notre attention, nos représentations se trouvent perpétuellement habités par des marques, des produits, des promesses marketing. Il n'est pas un jour sans nouveautés, il n'est pas un produit sans nouvelle formule. Nous n'avons pas le temps de finir un pot de crème pour le corps qu'une gamme révolutionnaire vient de sortir. L'insatisfaction chronique, structurelle sous le régime de la consommation, est alimentée par l'appel incessant à suivre les innovations technologiques, la mode, le sens du vent qui nous sont présentés comme autant d'occasions de se réaliser et de se dépasser. C'est un puits sans fond.

Jusqu'où ? Voici l'espace publicitaire prêt à grimper au ciel. Demain, au lieu de regarder les étoiles, nous verrons peut-être une nouvelle marque de fromage ou les dernières promotions d'un gel douche nous illuminer au milieu de la nuit. Une start-up russe prévoit en effet d'essaimer dans l'espace, avec son projet Orbital Display qui vise à relier un ensemble de nano-satellites pour créer un panneau publicitaire géant de 50 kilomètres carrés, placé dans l'espace à une altitude de 400 à 500 kilomètres. Au diable les pollutions lumineuses et spatiales, chaque voile déployée jouerait le même rôle qu'un pixel lumineux sur le fond noir du ciel, permettant ainsi de former des logos ou des messages. Nous voler la nuit pour imprimer nos rêves, cette folie est celle de notre époque. Le pouvoir politique s'est depuis longtemps couché devant celui des grands groupes. Il a laissé la publicité s'insérer partout. Même les chaînes de médias publics ont été sommées d'intégrer ses spots. Même quand elle est interdite, comme à l'école, elle s'introduit dans un concours de rédaction organisé par une banque ou s'invite dans une séance d'apprentissage des bons gestes pour se laver les dents, dispensée par une marque de dentifrice. Du dos des bus au placement de produits au cinéma, des coupures au milieu des séries télévisées aux parasols publicitaires sur les plages, nos vies sont rythmées par l'appel de la marchandise.

Dans le roman d'anticipation d'Alain Damasio, *Les Furtifs*, la fiction renvoie finalement au réel. Lorca se balade dans la rue « en zigzaguant comme un gosse » pour éviter les ondes intrusives. Perturbé, il perd sa vigilance et enfonce du pied une dalle sensitive : « Je devine qu'elle va capter ma démarche et mon poids, mesurer l'usure de mes semelles, ma pointure et l'importance de ma pronation, repérer que j'appuie un peu fort sur les talons car j'ai les tendons d'Achille qui sifflent quand je cours sans échauffement, comme là… Bingo ! Cent mètres plus loin, devant la vitrine *JOG*, la paire de baskets qui tournoie dans la glace est la *Run4U. Pron* à voûte plantaire renforcée, version pronateur, en 42, "désigné pour vous, Lorca". » Nous n'en sommes pas là mais en sommes-nous si loin ?

Une fois l'espace mental bien colonisé, l'hypermarché ne se contente pas d'être le réceptacle de désirs fabriqués ailleurs. L'espace y est organisé pour nous pousser plus avant dans la pulsion d'achat.

C'est là que se joue le rapport charnel, sensuel à la marchandise. Par toute une ingénierie de la stimulation, le *merchandising* a vocation à alimenter l'interaction entre nous et le produit qui doit être au bon endroit, au bon moment, en bonne quantité pour susciter le bon étourdissement. Et augmenter ainsi ses chances d'être acheté. Cet ensemble de techniques d'aménagement des produits n'a pas d'autre objectif que d'optimiser les achats par la mise en avant des articles, la communication en magasin ou la circulation dans le point de vente. Tels des fantômes, ses concepteurs rôdent dans les zones commerciales pour appâter le client. Sur place, ce sont essentiellement des vendeurs non humains, faits de cartons et de messages, qui ont vocation à accrocher notre curiosité et à affaiblir nos capacités de contrôle. Notre vue est ainsi happée par les signaux colorés, souvent indices de soldes, comme par les vitrines ou les différents étalages qui changent l'agencement des objets et des aliments pour mieux nous intriguer. La logique est celle de la fameuse « tête de gondole », ce meilleur emplacement d'un produit par rapport à la trajectoire du client, la hauteur de son regard. Les présentoirs participent de cet effort pour nous capter, pour entrer dans notre champ visuel au cours de nos déplacements. Tout au long du « parcours client », les grandes surfaces parlent un langage physique pour mieux susciter notre attention, orienter nos désirs, nous tenter par des produits que nous n'avions pas prévu d'acheter.

Sous le régime de la consommation, la liberté de choix est la promesse cardinale. Comme si nous avions tous les mêmes revenus. Comme si la reproduction sociale n'avait pas modelé nos codes culturels. Comme si la liberté se jouait sur le terrain de la possession de marchandises. Rien de tout cela ne va.

En réalité, nous ne nous procurons pas seulement des biens pour répondre à des besoins objectivables. Notre imaginaire et nos représentations sont en jeu. À travers l'objet se fabrique l'affirmation d'une position dans la société. Les produits fonctionnent tel un langage qui permet de façonner et de négocier sa place. Appartenir à une classe sociale suppose d'acquérir des biens matériels pour tenir son rang. Contrairement à certaines idées reçues, le moteur de la société de consommation n'est pas le conformisme mais la distinction. Se démarquer, se sentir supérieur pousse à acheter toujours plus de produits, à dénicher inlassablement de nouvelles marques, plus chères, pour se dissocier de la catégorie sociale inférieure. Le mécanisme est celui de la surenchère permanente. Une marque qui se démocratise perd de son attractivité auprès des catégories sociales supérieures qui, de ce fait, en investissent une autre. Ce sont les plus privilégiés qui détiennent le pouvoir de définir le bon goût, ce qui est beau et ce qui est laid, ce qui est à la mode et ce qui est ringard, ce qui a de la valeur et ce qui n'en a pas, comme l'a notamment démontré le sociologue Pierre Bourdieu. Plus une chanson, un objet, une marque deviennent populaires, plus ils sont délaissés voire moqués par la bourgeoisie qui cherche alors à jeter ailleurs son dévolu. Les débuts de l'industrialisation ont permis à la majorité de la population d'accéder à des biens qui répondaient à une élévation du bien-être. Nous n'en sommes plus là. Nous sommes aujourd'hui confrontés à un problème collectif qui n'est en rien réductible au lavage de cerveau de la publicité, fût-elle un élément pathogène du système. La marchandise est un biais majeur par lequel la bourgeoisie se dissocie de la classe moyenne qui elle-même, par ses choix de produits, cherche à se dissocier des catégories paupérisées. Ce qui alimente cette logique économique, c'est le désir de parvenir. C'est la concurrence entre les classes sociales.

Acheter un produit parce qu'il vient de sortir, profiter des soldes, s'inventer de nouveaux besoins, c'est une obsession qui ne concerne pas seulement celles et ceux qui ont les moyens de s'acheter de quoi vivre décemment et joyeusement. Les plus pauvres cherchent bien souvent à s'intégrer par la consommation. Quand on est exclu, consommer constitue un lien avec le monde extérieur. Se priver durement pour pouvoir acheter à son enfant le téléphone portable dernier cri ou le cartable à la mode de peur que ses camarades de classe ne se moquent, se serrer la ceinture plus encore pour s'offrir un vêtement de marque que d'autres, socialement plus favorisés, portent, est un comportement bien plus banal qu'on ne le croit. À toutes les échelles, le *fondamentalisme marchand*, pour reprendre la formule de l'économiste Joseph Stiglitz, nous travaille. Tout fonctionne comme si l'enrichissement était l'acte d'accumuler la marchandise. Non, on ne s'enrichit pas en passant trois heures devant le rayon des plats préparés ou des cosmétiques, en s'offrant une machine à faire des glaçons alors qu'on dispose déjà d'un congélateur, en ramenant à la maison dix tranches de jambon en promo alors qu'on sait pertinemment qu'on ne les mangera pas avant la date de péremption. Et pourtant, nos vies sont happées par cette course vertigineuse à la consommation.

Le « génie » marketing

« Les nouveaux responsables savent qu'il est possible, en s'adressant aux hommes qui composent les masses par le biais de leurs formations collectives, de susciter des courants émotionnels et psychologiques qui travailleront pour eux. Au lieu de s'attaquer de front aux résistances des acheteurs, ils cherchent à les supprimer. À cet effet, ils créent les circonstances qui, canalisant les courants émotionnels, vont produire la demande. »

Edward Bernays, *Propaganda. Comment manipuler l'opinion en démocratie*, 1928.

« Nous étions trop occupés à analyser les images projetées sur le mur pour remarquer que le mur même avait été vendu. »

Naomi Klein, *No Logo. La tyrannie des marques*, 2000.

Je ne vis pas hors de ce monde. Comme beaucoup d'entre nous, je suis souvent attirée par certains produits, même si j'ai toujours l'impression que l'on veut m'avoir, me forcer la main, m'arnaquer. N'est-ce pas ludique que de chercher à déjouer le marketing, de se croire plus fort que la publicité, d'affirmer son originalité en portant son choix sur tel produit et non sur tel autre ? Alors je perds parfois du temps que je n'ai pas à repérer la *bonne affaire*, à chiner l'objet que d'autres n'auraient pas, à chercher ce qui me donnerait du plaisir en consommant. Jusqu'à acheter ce dont je n'ai pas besoin. Jusqu'à me perdre dans une activité qui n'a pas de sens. Jusqu'à éprouver une forme de consolation, comme si une paire de chaussures en plus ou un produit de beauté superflu pouvaient compenser un chagrin, venir à bout d'un jour de déprime. Même avec une conscience et un sentiment de rejet de cette agressivité commerciale, nous sommes individuellement et collectivement entraînés dans une mécanique de déperdition d'énergie et de libido.

Depuis la parution de *La Société de consommation* de Jean Baudrillard en 1970, le « génie » marketing n'a cessé de s'adapter, de nous guetter, de coller à toutes les quêtes d'identité. C'est même assez fascinant. Le pack Apéricube spécial « soirée filles », dans lequel les carrés de fromage sont plutôt aux légumes, dans un emballage bien rose, ou le stylo Bic « for her », très *fashion* avec effet diamant, spécialement conçu pour les mains de femmes (*sic*), montrent que non seulement l'univers marchand valorise les stéréotypes si c'est vendeur mais n'hésite pas à indexer les prix à sa « créativité » sexiste. Un rasoir rose est plus cher que le même en jaune ! Une petite tablette à écran tactile pour garçon de 3 ans vaut en gros 19 euros, alors que la même avec un *packaging* spécialement conçu pour les filles coûte… 23 euros. Et aujourd'hui, si la vague #MeToo déferle, le marketing n'a ni difficulté ni scrupule à s'adapter. Déjà, dans les années 1960, Moulinex promettait de « libérer la femme », avec une affiche montrant une jeune femme rayonnante jetant son tablier, alors que le *deuxième sexe* entrait massivement sur le marché du travail. C'est Dove qui assure de nos jours changer le regard sur le corps et la beauté au féminin avec son slogan : « Pas de retouche, juste un sourire. » De la même manière, les hypermarchés peuvent vendre un tee-shirt affichant le fameux *Girl Power* des Spice Girls, même s'il est fabriqué par des femmes exploitées au Bengladesh, ou un vernis à ongles empaqueté avec le visage imprimé de l'égérie Frida Kahlo. Coller à l'air du temps permet d'atteindre toutes les cibles. Le marché ne recule devant aucune ironie pourvu qu'elle fasse vendre. Ceux qui rêvent d'un *mug* estampillé Che Guevera l'auront. La préoccupation écologiste gagne du terrain ? Qu'à cela ne tienne, le *greenwashing* se met en route, le *packaging* prend un coup de vert. Les certifications précises restent souvent introuvables mais n'empêchent pas les mentions « d'origine naturelle » et « bio » de fleurir. Là encore, l'essentiel est de suggérer un style, une intention. La marque Herta a affiché un label 100 % naturel sur ses tranches de jambon ou saucisses, en s'offrant un spot télévisé dans une ambiance rurale et authentique. Et pourtant, les porcs utilisés ne gambadent pas dans une prairie mais sont en réalité élevés « hors sol » dans un bâtiment, sur des caillebotis. Vendre de l'illusion, voilà la trouvaille la plus emblématique du « génie » marketing.

Qui ne s'est jamais laissé berner par des annonces complètement fausses ? Cette margarine garantie anticholestérol est tentante pour qui redoute le mauvais gras. Or il se trouve – mais qui le sait ? – que l'Agence nationale de sécurité sanitaire de l'alimentation a rendu un avis sur les produits indiquant « anticholestérol » sur l'emballage : ils n'ont aucun effet prouvé sur le risque de maladie cardiovasculaire. En attendant, c'est en vente. Nous sommes donc susceptibles d'y croire, « libres » de l'acheter. Et ce shampooing anti-âge ? Je n'avais même pas imaginé qu'un tel produit existait… D'ailleurs il n'a aucune vertu, sauf peut-être à remonter quelques secondes le moral dans ce moment où nous pourrions avoir le sentiment d'avoir pris un petit coup de vieux… Un simple shampooing nourrissant ferait l'affaire et l'on ne peut rien contre les cheveux gris, à part les teindre si vraiment on ne supporte pas les effets du vieillissement, la publicité ayant fait son office pour nous enjoindre à rester éternellement jeunes. Ce ne sont pas les qualités du produit qui finissent par nous intéresser mais la promesse qui nous est faite : en achetant ce shampooing, nous luttons contre l'âge qui avance. C'est un jeu de dupes coûteux pour le compte en banque et désastreux pour l'environnement. C'est aussi une machine infernale qui oriente nos envies et s'agrippe à nos angoisses. Signe d'époque, une nouvelle pathologie se développe à grands pas dans les pays où l'économie fonctionne sur ce modèle. Affectant principalement les femmes, l'oniomanie se caractérise par des comportements compulsifs devant l'acte d'achat qui, devenant si chroniques, mettent la personne en danger. C'est le bout de la chaîne d'une névrose collective. Le mécanisme fonctionne comme une drogue, avec ses phénomènes de jouissance, d'addiction puis de destruction.

Nous savons bien que nous sommes la cible du marketing, mais nous restons captés voire captivés par l'étourdissement perpétuel de la marchandise, ancré dans nos habitudes sociales et nos émotions intimes. La plasticité continue du système nous enferme comme le hamster dans la roue. Jusqu'à quand ? La perte de libido devant cette boulimie consumériste gagne de plus en plus de personnes qui, s'enorgueillissant de résister à l'agression publicitaire, se jettent dans le troc et l'occasion, se recentrent sur le nécessaire. Tout ça pour quoi ? La question se pose désormais bien au-delà d'un petit cercle intellectuel et militant à l'esprit critique aiguisé.

L'apparition progressive de crèmes sans gras, de bières sans alcool et autres cafés décaféinés indique symboliquement à quel point le vide s'est installé sur les étagères des hypermarchés. Quelque part, à l'image de cet « Air de Paris » en vente dans une boîte de conserve design, on nous vend du rien. Prenez le Coca-Cola. Ce qui constituait l'attraction voire l'addiction à cette boisson, c'était le sucre et la caféine. Est apparue une formule sans sucre puis sans caféine, c'est-à-dire sans tout ce qui constituait la promesse initiale et la spécificité du Coca-Cola. Ensuite, il a fallu toucher les hommes là où l'esthétique de la cannette « Coca Light » attirait davantage les femmes. Tel un Zorro, le « Coca Zéro » est arrivé ! Quand le temps se met à l'écologie, le « Coca Life », tout de vert vêtu, à basses calories, est inventé. Ces adaptations constantes visent à capter une clientèle toujours plus grande, en jouant sur la frustration et sur l'identification de la personne à l'objet. Chacune, chacun est sommé d'exprimer son identité à travers la marque et le produit. Ainsi la réalisation de soi se réduit-elle progressivement à son expression marchande. Il est de ce point de vue frappant de voir les logos ou noms de marques non plus seulement indiqués sur l'étiquette d'un vêtement mais vendus plus cher quand ils sont inscrits en grand sur le sweat-shirt, la chemisette ou les baskets. On ne porte pas des chaussures, un polo ou un sac à dos mais des Nike, un Lacoste ou un Eastpack. On ne mange pas un fromage à pâte molle, un soda à l'orange ou un yaourt à boire mais un Babybel, un Orangina ou un Actimel. Convaincus que les valeurs d'une marque s'impriment sur nous quand on la prend pour *soi*, nous devenons des femmes et des hommes-sandwiches, des consommateurs de signifiants plutôt que de signifié. Ainsi, un achat ne constitue pas seulement un *avoir* mais aussi de l'*être*.

Je repense souvent à un passage du magnifique roman de Lola Lafon, *La Petite Communiste qui ne souriait jamais*. C'est une fiction inspirée de la vie de la gymnaste roumaine apparue aux JO de Montréal en 1976, Nadia Comaneci. Le mur de Berlin n'est pas encore tombé mais le capitalisme se sent déjà triomphant face aux tragiques expériences de type soviétique. La mère de la jeune star de la glace, Stefania, découvre les magasins densément fournis de l'Ouest. Le choc n'est pas là où nous pourrions l'imaginer :

« C'était impressionnant cette abondance pour vous ?

— Bien sûr. Vous savez, la première fois que ma mère est venue à l'Ouest, c'était dans une banlieue de New Jersey, eh bien, elle a pleuré dans les allées du petit supermarché. »

Je cherche à comprendre. Pleurait-elle de joie, Stefania, devant l'émotion de ces nouveaux choix, le fait même d'avoir le choix, et Nadia me coupe la parole, presque brutale. Le dégoût de cet amoncellement absurde, me corrige-t-elle. La tristesse de se sentir envahie de désir devant tant de riens. « Chez nous, on n'avait rien à désirer. Et chez vous, on est constamment sommés de désirer. »

Au fond, l'hypermarché matérialise la folie capitaliste et productiviste. Les deux se tiennent, se conjuguent, se renforcent. Cette articulation, je l'ai pleinement mesurée en lisant André Gorz, le père de l'écologie politique, que j'ai découvert au moment de son décès en 2007, par son dernier article « La sortie du capitalisme a déjà commencé », et alors que paraissait *Lettre à D.*, la bouleversante déclaration d'amour posthume à sa femme, Dorine, avec laquelle il s'est suicidé. J'avais 34 ans, j'ai ensuite progressivement remonté le fil de ses écrits. André Gorz explique de façon éclairante que le capital a deux leviers pour s'accroître : la pression à la baisse sur les salaires, en s'appuyant notamment sur le chômage de masse et la concurrence internationale, et la création de besoins artificiels pour nous faire consommer toujours plus de produits, à la durabilité toujours plus courte. Tirer vers le bas les revenus du travail et créer des besoins artificiels pour vendre une quantité exponentielle de produits à l'obsolescence croissante, souvent financés par de dangereux crédits à la consommation, relèvent d'un même logiciel idéologique. La loi du profit a donc son corollaire : le consumérisme. Et s'il faut être un lecteur assidu de *60 millions de consommateurs* ou un militant décroissant de chaque instant pour y échapper, la route risque d'être bien longue, trop longue pour échapper aux désastres… « Un geste plus un geste pour sauver la planète », c'est typiquement un message devenu *mainstream* qui dédouane les dirigeants de leurs responsabilités. Mais ce qui est intéressant, c'est de voir émerger de nouvelles générations très engagées dans leurs pratiques quotidiennes pour sélectionner leurs produits et leurs modes de déplacement en fonction de critères écologiques et solidaires. Cette dynamique est d'autant plus réjouissante qu'elle ne s'inscrit pas dans un simple projet individualiste mais se trouve majoritairement raccordée à des convictions visant à changer le système, et donc à un projet collectif. Sans réorientation structurelle, nous n'arriverons ni à lutter contre le réchauffement climatique, ni à améliorer nos vies. C'est pourquoi l'impulsion politique est décisive.

Croire que la croissance infinie peut apporter le mieux-être et qu'elle est matériellement possible sur une planète aux ressources limitées est totalement illusoire. Pourtant, les dirigeants foncent dans ce mur depuis des décennies. Sans comprendre que l'urgence, c'est de rompre le lien entre le *plus* et le *mieux*.

La course au temps

« L'être humain est désormais dans le temps comme un plongeur sans bouteille au fond de la mer : en apnée, au bord de l'asphyxie, obligé à un empressement permanent qui paraît devenu une question de survie. Mais la lutte contre le temps est toujours perdue, non du fait de notre condition mortelle, mais parce qu'elle est perdue à chaque instant. Le règne de l'immédiateté impose cette autre loi d'airain : plus ça va vite et plus on manque de temps. Plus on gagne du temps et plus on en manque. Ou, pour mieux dire, plus on gagne du temps et plus c'est le temps qui gagne. Ce n'est là que l'expression plus générale de la société marchande, dans laquelle l'abondance engendre le manque, dans laquelle plus on a et plus on est en manque. »

Jérôme Baschet,
Adieux au capitalisme, 2014.

« Au lieu de l'accélération qui supprime tous les attachements, le temps retrouvé s'accorde au rythme du vivant saccagé par la cadence du monde industriel. »

Geneviève Azam, « Dans un monde aussi brutal, la convivialité est un combat », *Le Monde*, 13 mars 2020.

Dans les allées des grandes surfaces, il y a les flâneurs et les gens pressés. D'ailleurs, les uns et les autres ne s'y rendent pas forcément aux mêmes heures. Le matin en semaine, dès l'ouverture, on retrouve de nombreuses personnes âgées qui circulent à un rythme lent. Les « femmes au foyer » font aussi le plein aux heures creuses pour préparer les repas de toute la famille, de manière aussi gratuite qu'invisible puisque les tâches domestiques ne rentrent pas dans l'indicateur officiel de la richesse, le fameux produit intérieur brut. La matinée est un créneau horaire de moins en moins prisé par les clients qui font davantage leurs courses pendant la pause déjeuner. En fin de journée, les caddies qui s'égrènent devant les caisses sont essentiellement remplis par des femmes qui commencent leur deuxième journée de travail. De plus en plus, des hommes en font de même. Après plusieurs vagues féministes, l'inégalité recule : l'écart de temps passé à faire les courses entre les sexes a diminué de moitié depuis 1974. Il n'en reste pas moins qu'en 2010, selon une étude de l'INSEE, les femmes y consacraient en moyenne encore six minutes par jour, soit trois quarts d'heure par semaine, de plus que les hommes. Ce n'est pas rien ! Les courses figurent malgré tout parmi les tâches les mieux partagées : l'ensemble du travail domestique requiert quant à lui plus de quatre heures par semaine pour les femmes, contre seulement deux heures et demie pour les hommes en moyenne. La marche vers l'égalité est encore haute mais elle rétrécit à mesure que l'on se redresse. Pour les parents, et donc surtout pour les mères, comme pour tous ceux qui voient leur rythme de vie mis sous pression de leur emploi, on comprend que le temps presse dans les allées de la grande surface. Et quand vient le soir, ce sont des plus jeunes, des personnes seules ou des couples sans enfant que l'on retrouve à déambuler plus lentement dans les rayons à la recherche de la compagnie de la marchandise ou de la présence des autres, à moins qu'ils ne préparent une soirée tardive avec des amis. Flâner dans un hypermarché, c'est parfois tout simplement traquer la peur du vide et de l'ennui, dans une société qui valorise le plein et l'hyperactivité.

Tout le monde ne partage pas le même rythme de vie mais la diversité des clients, liée à leur parcours, leur tempérament, leur âge ou leur identité de genre, s'évanouit devant les caisses. Qui aime, qui supporte d'attendre aujourd'hui ? Rares sont les personnes qui patientent tranquillement dans une file d'attente d'un supermarché. Ce n'est pas seulement en raison du caractère pénible de la station debout, qui devient même rapidement insupportable pour les plus fragiles physiquement. C'est aussi que nous nous retrouvons toujours plus nombreux à devoir courir après les heures, les minutes qui filent. Une forme de tyrannie de l'urgence nous conduit en permanence à l'angoisse d'être ou de prendre du retard. Le temps pour se régénérer devient introuvable pour les humains mais aussi pour l'environnement qui, soumis au rythme du productivisme, est désormais dans l'incapacité de se renouveler correctement. L'humanité et la nature sont privées du temps indispensable pour respirer. L'obsession de l'abondance et de l'immédiateté alimente inlassablement la fatigue et le stress comme elle accroît toujours plus le dérèglement climatique, la déforestation et la disparition des espèces.

L'hypermarché est un lieu témoin de l'accélération de nos rythmes de vie. Nous pouvons y observer le paradoxe soulevé par le philosophe Hartmut Rosa : alors que les progrès de la technique permettent de réaliser un nombre croissant d'activités en un temps toujours réduit, nous ne cessons d'en manquer. Nous produisons plus rapidement mais toujours plus de produits. Notre rapport à la temporalité se trouve ainsi entremêlé à la course à la croissance et à l'innovation permanente. « Je suis débordé ! » est devenue une expression terriblement banale. Et j'en sais quelque chose... J'ai l'impression qu'elle scande mon quotidien de femme politique à l'agenda serré avec des enfants, une vie amoureuse et amicale à laquelle je n'entends pas renoncer, sans compter le besoin de rester en forme en dormant suffisamment et en m'accordant des plages de sport, le plaisir de lire ou d'aller au cinéma que j'accepte difficilement de sacrifier. Le smartphone avec ses nouvelles et ses messages qui s'affichent et s'agitent H24, 7 jours sur 7, accroît la pression permanente sur mon horloge. Je sais combien nous sommes nombreux à vivre sous la pression de cette dictature du temps bref et de la réactivité. Souvent, je pense à ces femmes employées ou cadres qui élèvent seules leurs enfants, à celles et ceux qui travaillent dans la restauration ou en trois huit avec des horaires infernaux. Vivre dans l'angoisse continue de *ne pas avoir le temps* est un phénomène contemporain massif. Et ceux qui en ont davantage peinent en général à en profiter puisqu'ils sont montrés du doigt et menacés d'être « hors course ». Je rappelle que, selon le président Emmanuel Macron, « il suffit de traverser la rue pour trouver un emploi », c'est dire si ceux qui chôment sont vraiment des feignants, coupables de leur temps libre… L'ensemble de la vie se trouve désormais soumis aux impératifs de compétition sociale et d'adaptation permanente. Nos corps comme nos penderies vivent et grandissent au rythme effréné de la nouveauté, de la mode, de la quête de jeunesse éternelle, pendant que les injonctions à « tout réussir » ne cessent de fleurir, comme si nous pouvions, devions être *performants*, à chaque instant, dans tous les domaines.

Nous étions censés avoir gagné du temps avec l'apparition des ordinateurs et machines en tous genres, du lave-linge au grille-pain, du sèche-cheveux au four à micro-ondes, autant de produits que l'on peut trouver dans les hypermarchés qui sont aussi les champions des soupes minute et autres pâtes à crêpes ou gâteaux déjà prêtes. En nous émancipant d'un grand nombre de tâches, les progrès de la technique promettaient d'accroître notre temps libre. Pourtant, le sentiment de *courir après le temps* n'a jamais été aussi fort, ni aussi partagé. Les moments sans contraintes paraissent de plus en plus inaccessibles, notamment pour les femmes qui cumulent un emploi avec l'essentiel des tâches domestiques et parentales. Cette réalité relève en partie de la perception. Notre impression de *perdre du temps* est sans doute liée au fait que nous n'arrivons plus à trouver suffisamment de moments pour les choses qui nous paraissent essentielles. Mais c'est également un fait objectivable.

L'exemple des trajets me paraît, de ce point de vue, tout à fait éclairant. L'automobile devait nous rendre plus rapides mais, devenue indispensable pour effectuer nos courses, elle nous a ralentis. En 1974, toujours selon l'INSEE, nous passions en moyenne cinq minutes en voiture pour faire nos achats. Trente-cinq ans plus tard, ce temps a été multiplié par trois ! Plus éloquent encore : en 2010, 65 % de la durée totale des trajets pour les courses s'effectuait en voiture, contre « seulement » 38 % en 1974. Cette évolution ne nous fait pas seulement perdre du temps, de l'argent et l'habitude de marcher à pied. Elle provoque de façon absolument dangereuse une envolée des émissions de gaz à effet de serre. L'essor des hypermarchés, largement soutenu par les pouvoirs publics, a clairement favorisé la voiture dans nos déplacements. La grande distribution a ainsi contribué à une gigantesque déperdition de CO_2 et de temps libre. Et pourtant, ce sont les personnes n'ayant pas d'autre solution que de prendre leur voiture qui se trouvent montrées du doigt et taxées les premières… bien avant ceux qui partent régulièrement en week-end en avion ! Inutile de chercher l'erreur, elle est toute trouvée : les dogmes de la croissance et de la compétitivité organisent la pensée et l'action des classes dirigeantes, publiques comme privées. Les puissants protègent les puissants, les gouvernements qui se suivent (et se ressemblent) se chargent de veiller sur les intérêts financiers. Le grand nombre paiera la facture.

Les hypermarchés et centres commerciaux donnent ici à voir une mécanique de fond, à la croisée des chemins sociaux et écologistes. Faire reculer la place de la voiture dans nos vies, c'est lutter contre le réchauffement climatique et les effets de la pollution sur la santé. C'est gagner en qualité de vie en nous épargnant des trajets quotidiens longs et fatigants. Toutes les logiques de ces dernières décennies ont néanmoins tourné le dos à une telle conception vertueuse du développement territorial. Dans les grandes métropoles, l'installation de « cités dortoirs », d'un côté, de centres d'affaires et de complexes touristiques, de l'autre, a encouragé l'usage de l'automobile. Et les transports en commun n'ont pas suivi le mouvement, faute de politiques publiques permettant d'amoindrir l'impact de cette répartition catastrophique des espaces de vie qui a privilégié le « tout-voiture ». Quant à la désertification des villes moyennes, engendrée par l'essor des hangars commerciaux et le démantèlement des services publics, elle amène toute une population rurale à accumuler toujours plus de kilomètres.

Gagner du temps, tout en prenant au sérieux la menace environnementale et le besoin de mieux-vivre, suppose de façonner un développement des territoires plus polycentrique, qui assure partout le « droit à la ville », pour reprendre le concept forgé par le philosophe Henri Lefebvre. Urbains comme ruraux, nous sommes toutes et tous reliés à la ville où se trouvent les bâtiments administratifs, les hôpitaux, les équipements sportifs, les salles de spectacles, les musées, les restaurants ou les cafés, et bien sûr les magasins. Or les fermetures en chaîne de gares, de maternités ou de bureaux de poste, tout comme la propension à multiplier les hypermarchés et centres commerciaux pendant que les magasins de proximité, exsangues, mettent la clé sous la porte, tournent totalement le dos à un maillage favorable à l'égalité dans l'accès à la sociabilité, aux soins ou à la culture. Gagner en qualité de vie passe par cet effort politique acharné pour contrarier une géographie du capital qui concentre les richesses dans des mégalopoles. À toutes les échelles, l'impulsion politique doit se tourner résolument vers la maîtrise de l'organisation des territoires, pour l'orienter dans un sens : servir l'accès de tous et partout aux biens communs essentiels, tout en assurant la transition écologique.

Dans le monde postmoderne, nous sommes affamés de temps, qui est devenu une rareté. Alors que les pouvoirs publics sont impuissants à changer la donne, les géants de la distribution ont bien saisi l'enjeu et tentent d'en tirer profit. L'extension des horaires d'ouverture de leurs magasins est de ce point de vue totalement symptomatique. Le soir tard, le dimanche matin puis après-midi… avec eux, rien n'est exclu quand il s'agit de consommer. Courante au Japon, déjà bien installée à Londres, l'ouverture 24 heures/24 nous pend au nez… En France, le processus commence avec l'ouverture des enseignes le dimanche. La vie des salariés en est altérée ? Qu'importe. La désynchronisation des temps sociaux s'en trouve accélérée ? Rien à faire. C'est fièrement que les hypermarchés annoncent les uns après les autres ouvrir leurs portes plus longtemps, plus souvent, même si cela suppose de piétiner allégrement le jour de pause dominicale, pourtant nécessaire pour marquer un arrêt dans la vie marchande et donner de la place à la vie familiale, amoureuse ou amicale. Ce chevauchement des temps, qui ne s'harmonisent plus pour créer du commun, se retrouve partout. Les hypermarchés ne font ici qu'accentuer un élan général. Pourtant, l'ouverture le dimanche n'est en réalité pas rentable si l'on s'en tient au rapport entre chiffre d'affaires et frais de personnel, puisque les salaires sont majorés le dimanche et que la fréquentation n'y est pas grandiose. Si les hypermarchés y recourent, c'est aujourd'hui avant tout pour des raisons de rentabilité fiscale. En effet, la trésorerie prend de la valeur grâce à des mécanismes complexes de déductions fiscales promus par la loi en cas d'ouverture le dimanche. La grande distribution y voit sans doute un autre intérêt : si le travail du dimanche se banalise, il y a fort à parier que les barrières légales sauteront les unes après les autres pour harmoniser les conditions de rémunération de ce septième jour de travail avec le reste de la semaine.

En 2015, une enquête de l'institut d'études Odoxa montrait que les deux tiers des Français étaient favorables au travail dominical, même s'ils estiment à 76 % que celui-ci va « renforcer la société de consommation » et à 61 % que cela va accroître « la pression sur les salariés ». Dans le même temps, 56 % d'entre eux sont opposés à l'idée de travailler eux-mêmes le dimanche. Les Français refusent par ailleurs très majoritairement la banalisation du travail du dimanche qu'ils considèrent comme un jour de repos, consacré à la famille et aux loisirs. Finalement, le désir pour soi, d'une part, et le souhait collectif, d'autre part, apparaissent dans leur dimension contradictoire. C'est comme si nous avions tendance à dire que le dimanche était sacré pour nous-même mais qu'il ne saurait l'être pour notre voisin. D'une certaine manière, une majorité concède la bataille à l'idéologie dominante. Bien plus qu'ils ne souhaitent la fin du repos dominical, les Français se rangent derrière l'idée selon laquelle nous n'avons pas le choix : la concurrence généralisée et la course à la sacro-sainte croissance nous obligent... Le travail du dimanche serait donc un mal nécessaire, aussi parce que les rythmes de vie sont tels que l'ouverture des magasins le dimanche offre une opportunité d'y faire ses courses quand, pressés par le temps, nous n'y parvenons pas le reste de la semaine. Si le temps de travail et de transport empiétait moins sur la capacité à tout conjuguer, si le rapport à la consommation était moins compulsif et réellement tourné vers le suffisant, si le « *There Is No Alternative* » de Margaret Thatcher n'avait pas fait tant de ravages dans les têtes, les Français pourraient plus franchement faire primer l'épanouissement individuel et collectif.

La grande distribution ne s'arrête pas là dans son entreprise de dérèglement de notre temps. Elle entretient aussi activement la désynchronisation des repas et de la convivialité. La flexibilité des horaires, sans cesse aggravée par la loi et mise en œuvre dans des grandes surfaces qui raffolent des temps partiels et des « horaires aménagés », rend les moments de rencontres familiales et amicales toujours plus difficiles. Résultat : dans un même foyer, les repas séparés deviennent chaque jour un peu plus la norme. L'hypermarché est ici encore le symptôme d'un phénomène plus vaste. Il n'y a qu'à observer la façon dont l'information s'est individualisée. Le temps où l'on regardait tous le journal télévisé à la même heure, en partageant donc les mêmes images et commentaires, est derrière nous. Les nouvelles en temps réel incarnent cette époque du *non stop* et des *burn out*. D'ailleurs, une nouvelle expression se propage : le FoMO, acronyme pour *Fear of missing out*, pour dire notre angoisse à l'idée de manquer quelque chose à l'heure de la numérisation de notre vie quotidienne. Nous en sommes là : il n'est plus temps d'attendre pour manger, s'informer, se parler, consommer. On ne sait plus patienter, s'ennuyer, se poser. On n'a plus le temps de prendre du recul, on n'a plus le temps pour ce qui compte. Nous ressemblons à ces oiseaux qui survolent l'océan et s'épuisent à la recherche d'une branche introuvable.

La réduction du temps de travail est l'une des clés majeures pour permettre une meilleure répartition des temps de la vie entre différentes activités telles que l'emploi, la vie de famille, les loisirs, la citoyenneté. Alors que le chômage de masse est devenu structurel, le partage du temps de travail est une solution essentielle pour que tout le monde ait accès à un emploi et pour que celui-ci cesse de submerger par l'épuisement et par l'angoisse. C'est aussi l'un des moyens décisifs pour conquérir l'égalité réelle entre les sexes. L'entrée massive des femmes sur le marché du travail dans les années 1960 ne s'est pas accompagnée de décisions politiques permettant la prise en charge, à égalité, des tâches domestiques et parentales. Ce fut un impensé total. Quand et qui allait donc réaliser ce travail que les femmes prenaient en charge jusqu'ici à plein temps et gratuitement ? C'est ainsi que la fameuse deuxième journée de travail s'est imposée, avec son lot d'inégalités et d'immense fatigue pour les femmes. C'est pourquoi je regrette que l'objectif de réduction du temps de travail ait été largement abandonné par les courants politiques progressistes : il est passé au second plan. La réduction du temps de travail figure bien dans des programmes à gauche, chez les Insoumis, les écologistes ou les communistes, mais elle n'est plus au cœur des débats politiques. La mémoire de la réforme des 35 heures portée par Martine Aubry sous le gouvernement de Lionel Jospin à la fin des années 1990 a-t-elle refroidi les ardeurs ? Il est vrai que ce sont globalement les cadres davantage que les employés ou les ouvriers qui ont profité de cette réforme. Pour autant, celles et ceux qui en bénéficient y sont très attachés, les menaces permanentes de remise en cause sonnant à leurs oreilles comme un grand recul. Par ailleurs, en matière de créations d'emplois, c'est bien la dernière fois qu'une loi a été efficace. Pas assez, bien sûr, mais 350 000 emplois ont vu le jour grâce à ce passage aux 35 heures. Qui a fait mieux depuis ? Cet effet sur le chômage fut néanmoins de courte durée. La loi Aubry n'offrait déjà que trop peu de garanties, et je me revois encore, à l'époque, devant une banderole de manifestation alertant sur ses effets en termes de flexibilité et d'annualisation, qui coûte particulièrement cher aux femmes. Mais elle a par la suite été détricotée par différentes lois, favorisant plus encore l'annualisation et reposant sur une logique de défiscalisation des heures supplémentaires, particulièrement néfaste pour la lutte contre le chômage. Avec plus de 6 millions de sans-emploi, seule une réforme d'ampleur peut permettre de répondre au défi. La réduction massive du temps de travail, avec une semaine de quatre jours, apparaît dans le débat public comme une grande utopie. C'est pourtant une approche extrêmement réaliste pour qui prétend lutter contre le chômage de masse et libérer du temps pour vivre.

Rien ne devait être comme avant, affirmait le président Macron dans une allocution martiale lors du pic de la crise sanitaire. Deux mois plus tard, le pouvoir en place revenait à ses vieilles lunes. Emmanuel Macron appelait à « travailler et produire davantage » (*sic*). La suite est malheureusement toute tracée : la courbe du chômage va atteindre de nouveaux records historiques, le confinement ayant apporté son lot de fermetures d'entreprises et de licenciements, et de nouvelles catégories de la population vont plonger dans la précarité et la pauvreté. Au même moment, des pans entiers de la société vont intensifier leur travail, mettant en péril leur santé et leur bien-être. De plus en plus de jeunes se retrouveront sur le carreau pendant qu'une nouvelle loi, celle que l'on croyait enterrée avec le virus, pourrait obliger les plus âgés à travailler plus longtemps et à perdre ainsi les meilleures années de leur vie à la retraite, surtout pour les catégories sociales les plus défavorisés – il ne faut jamais oublier que la différence d'espérance de vie entre un cadre et un ouvrier est de plus de six ans. *En même temps*, si j'ose dire, les ressources naturelles vont continuer à se faire méthodiquement broyer, au prix d'un réchauffement toujours plus dangereux de l'atmosphère.

On marche sur la tête. C'est à se demander si nous ne finirons pas comme dans le thriller d'Andrew Nicol, *Time out*, où le temps a remplacé l'argent. Dans ce récit futuriste, les humains génétiquement modifiés ne vieillissent plus à partir de vingt-cinq ans. C'est alors qu'il leur faut gagner du temps pour rester en vie. Seuls les plus riches peuvent vivre très longtemps, les autres étant contraints de travailler durement pour conquérir quelques années supplémentaires. La première phrase du film, prononcée par Justin Timberlake qui incarne un jeune ouvrier, pose l'enjeu : « Le temps est maintenant la monnaie. Nous le gagnons, nous le dépensons. Les riches peuvent vivre éternellement, et le reste d'entre nous ? Je veux juste me réveiller avec plus de temps sur les mains que d'heures dans les jours. » Cet homme de 28 ans se retrouve accusé à tort de la mort d'un homme richissime de 105 ans qui, avant de se suicider, lui a légué son capital temps. S'ensuivent une course-poursuite avec la police et un mouvement de révolte. Derrière quelques grosses ficelles et clichés, ce film à la façon mêlée de *Bonnie and Clyde* et de *Robin des bois* fonctionne comme une métaphore *high tech* de la lutte des classes, mettant à nu un capitalisme aussi sauvage que dévastateur. Et c'est bien le temps qui devient la monnaie d'échange, ou plus exactement de l'asservissement.

Pour finir, ne perdons jamais de vue que les progrès techniques ne sont des progrès pour l'humanité que s'ils sont mis au service du bien-être et de la préservation de notre écosystème. Ils ne font gagner du temps que si le consumérisme et les inégalités territoriales ne nous en font pas perdre. Ils peuvent permettre de dé-marchandiser le travail si l'emploi comme les revenus sont partagés et si la production se rapporte aux besoins, à la *norme du suffisant*. Si l'on prenait le temps d'y réfléchir, trouver les moyens de dégager le temps libéré dont nous avons si cruellement besoin pour bien vivre ne serait pas si compliqué. Mais il faudrait affronter le pouvoir du capital qui dicte son rythme et ses standards de vie. C'est là que le bât blesse. C'est là qu'il faut croiser le fer.

En caisse

« En général, [les clients] me regardent à peine, me considèrent comme indigne de leur politesse, quand ils ne me tombent pas dessus parce que je ne vais pas assez vite. Ceux qui d'un regard me font comprendre que je suis juste une caissière, ceux qui, sous prétexte que le client est roi, se croient tout permis, y compris les remarques déplacées et sexistes. Ceux qui continuent à parler dans leur téléphone portable comme si je n'étais qu'une machine, attendant que le prix s'affiche sur le cadran de la caisse et la quittant sans un regard pour moi. »

Agnès Ledig,
Juste avant le bonheur, 2013.

« Les conditions de travail sont de pire en pire et [...] on voit les dividendes qui ont été reversés aujourd'hui aux actionnaires : 356 millions ! La participation que touchaient avant les salariés, [c'était] à peu près 800 à 900 euros. Aujourd'hui, on leur a donné 57 euros. Vous imaginez le mépris que ça a laissé aux salariés [...]. Avant on devait travailler pour vivre, d'accord, mais aujourd'hui on vit pour travailler, on passe notre journée au boulot du matin au soir, avec des coupures, et effectivement ça impacte sur la vie privée. [...] Et bientôt ce sera les dimanches parce que maintenant on veut ouvrir le dimanche dans notre enseigne, on a déjà commencé avec 21 magasins qui ouvrent le dimanche. On va vivre quand nous maintenant les salariés ? On vit quand ? On passe notre vie pour donner de l'argent aux actionnaires qui ne nous respectent même plus ? Qui n'ont même pas le respect de nous reverser au moins ce que nous produisons ? Parce que ce sont nous les salariés les créateurs de richesse, c'est nous qui faisons en sorte que Carrefour gagne de l'argent. »

Zohra Abdallah,
salariée au Carrefour des Beaudottes à Sevran,
dans « On n'est pas couché » sur France 2,
14 avril 2018.

La dernière fois que j'ai déposé mes courses sur le tapis roulant d'un hypermarché, j'avais envie de dire à la jeune femme qui encaissait : moi, je n'encaisse pas. Ce n'est pas seulement que je ne suis pas derrière la caisse, à sa place, c'est que je n'accepte pas les normes de cette société qui font d'elle et de ses collègues des personnels sans voix, sans juste reconnaissance, sans protections suffisantes. Et que dans l'un des plus grands groupes mondiaux de la distribution, qui venait d'augmenter ses bénéfices de 7 %, il ait une fois fallu quinze jours de grève pour obtenir une hausse des tickets restaurants de… quarante-cinq centimes d'euros, ne cesse de me révolter. À travers les caissières, je vois depuis longtemps tout ce qui ne tourne pas rond dans notre société où l'on nous assène au fond : ne pense pas, dépense. La caisse symbolise la comptabilisation marchande, cet argent roi qui nous fait perdre le sens de la vie. La déshumanisation en marche, elle s'incarne en elles, « petites mains », « chevilles ouvrières » qui se fondent dans le décor et se confondent avec l'objet, la caisse. Le quotidien de ces travailleuses rapporté à leur salaire illustre une effrayante hiérarchie des valeurs. Sur le tapis roulant de l'hypermarché, les caissières voient passer toute la démesure d'un monde qui court à sa perte. Signe qui ne trompe pas, on dit « un » P.-DG. mais rarement « un » caissier, ou alors c'est pour parler d'un salarié de la Banque de France. Il est vrai que les 170 000 personnes qui travaillent en caisse sont à 88 % des femmes. J'y vois le symbole des mutations contemporaines de l'emploi marquées par la tertiarisation, la féminisation et la précarisation. « Prolétaire entre tous est la femme du prolétaire », écrivait Louise Michel. Plus d'un siècle plus tard, on pourrait dire : « Prolétaire entre tous est la femme prolétaire. »

Assise à son poste de travail, cette dame d'une trentaine d'années a enregistré les code-barres un à un à la vitesse de l'éclair. J'ai été frappée par sa concentration. Les « bip » s'enchaînaient et je me suis demandé dans quel état serait sa tête à la fin de sa journée de travail, comme hier, comme demain. Ses bras déroulaient les produits les uns après les autres et je me représentais l'effet sur ses épaules, ses articulations, son corps après avoir passé peut-être 3 000 marchandises dans la journée. Entre le bruit incessant, les clients agressifs et la répétition des gestes, j'imagine le stress accumulé. À la longue, le travail en caisse peut aussi générer des douleurs dorsales, des lombalgies ou des tendinites. Alors que tout le monde ou presque passe de façon régulière devant ces professionnelles, je ne sais pas si chacun mesure bien la quantité d'efforts pénibles à réaliser pour tenir une caisse dans un super ou un hypermarché. La cadence est intense. Chaque minute, 15 à 20 articles sont enregistrés, jusqu'à 40 dans le *hard discount*. Les caissières soulèvent autour de 800 kilos par heure. Elles disent environ 500 fois par jour « merci », 200 fois « avez-vous la carte de fidélité ? » et 70 fois « vous pouvez faire votre code ». Les « pauses pipi » doivent être anticipées, elles sont comptées. Rude. Vraiment.

Comme la plupart des clients, je lui ai dit « merci ». Ce mot, j'aurais voulu qu'il soit chargé d'autre chose que de simple politesse. Nous lui devons mieux que des paroles de remerciements. Par ce *nous*, j'entends la société tout entière. Celle qui s'est pris dans la figure une énorme claque avec le Covid-19. Celle qui a découvert combien les « premiers de cordée » n'étaient pas ceux que l'on croyait et qui s'est rendu compte que d'autres, d'ordinaire invisibles, tenaient en réalité l'économie de nos vies. Nous avons pris conscience du rôle des femmes, largement majoritaires dans les métiers indispensables du soin et du lien. Enfin je crois, j'espère, que ce sursaut de lucidité s'est produit.

Quand la caissière m'a annoncé le montant de mes achats, je me suis demandé à quoi ressemblait sa feuille de paie. Elle voit passer de l'argent toute la journée, mais que reste-t-il sur son compte en banque ? Travaille-t-elle à temps plein, partiel ou encore « aménagé » ? En CDD ou en CDI ? Quelle est son ancienneté ? Peut-être occupe-t-elle ce job pour payer ses études. Ou alors est-elle mère célibataire à temps plein. Ou encore mère d'une famille nombreuse, en caisse à mi-temps. Ce dont je suis sûre, c'est que son salaire est nettement inférieur à mon indemnité de députée, mais aussi au revenu moyen des Français qui s'élève à 2 250 euros nets par mois quand elle et ses collègues gagnent, en moyenne, 1 522 euros pour un temps plein. L'écart est considérable ! La reconnaissance de la pénibilité est une triste plaisanterie dans notre pays, comme autant de mots doux dans des discours creux et sans impact sur le réel. L'échelle des revenus est marquée au fer rouge du sceau de l'injustice. Surtout si l'on songe à la forte proportion, 37 %, des temps partiels dans ce métier, qui signifient, je le rappelle, salaire partiel, chômage partiel et retraite partielle. Le contrat moyen est de 22 heures hebdomadaires. Or, avec 30 ou 20 heures par semaine, le revenu à la fin du mois n'est plus du tout le même et peut ainsi chuter rapidement sous la barre des 1 000 euros par mois. Comment peut-on vivre décemment avec de si bas salaires ? Comment se loger, élever des enfants, manger correctement, s'offrir des joies culturelles, partir en vacances ? L'hypermarché est le lieu de toutes les promotions mais la caissière attend toujours la sienne. Pour la rassurer, et surtout pour assurer la pyramide indécente des revenus, *on* trouvera pire. *On* leur dira qu'elles ont la chance d'avoir un travail quand le chômage de masse, fameuse « armée de réserve » justifiant les basses rémunérations, fait rage. *On* les renverra à leur « mérite », elles n'avaient qu'à faire des études, comme si les situations de départ de chacune et chacun étaient égales. *On* se moquera donc de leurs conditions de travail et de vie. *On* s'évitera toute forme de reconnaissance. Ce « on » n'est rien d'autre que la pensée des dominants qui irrigue l'ensemble de la société.

Avec l'arrivée du coronavirus puis du confinement, nous avons découvert à la télévision ou dans les journaux les visages de celles et ceux qui nous permettent de nous ravitailler, de nous soigner, d'évacuer nos poubelles, de nettoyer nos espaces de travail, d'accompagner les personnes fragiles, de répondre en somme à nos besoins vitaux. Ce ne sont pas des traders ou des notaires mais des auxiliaires de vie, des éboueurs, des infirmières, des agriculteurs, des couturières. Comme la caissière, ces travailleuses, ces travailleurs, occupent des fonctions en haut de l'échelle de la pénibilité mais en bas de la fourchette des rémunérations. Leur salaire est à des années-lumière de celui des publicitaires ou des courtiers en assurances. Or le montant du revenu dit la possibilité ou non de vivre dans la dignité, de conquérir des marges de liberté, de se sentir reconnu pour l'utilité de son travail. Il exprime aussi la hiérarchie de nos valeurs. Et ce n'est pas avec de simples remerciements, si tardifs, ou des médailles que l'on modifiera cet état de fait qui nous a sauté au visage avec la crise sanitaire.

Caissière pendant huit ans et titulaire d'un diplôme universitaire de littérature, Anna Sam a raconté cet univers dans *Les Tribulations d'une caissière*, un récit adapté au cinéma et en bande dessinée. Avec humour et détails, elle y décrit le quotidien des supermarchés, côté caisse. Le blog qu'elle a créé – caissierenofutur.over-blog.com – est truffé de récits de caissières. De quoi rire et pleurer. Le sentiment de ne pas exister aux yeux des autres est largement partagé. Anna Sam donne l'exemple de cette phrase, mille fois entendue : « Vous êtes ouverte ? », qui indique combien la personne est décidément confondue avec la chose, la machine. La stigmatisation du métier prend parfois des formes violentes. « Tu vois, si tu ne travailles pas bien à l'école, tu finiras caissière comme la dame », lance ouvertement une maman à sa fille. « SBAM », Sourire-Bonjour-Au revoir-Merci : c'est le nom de code entre caissières pour désigner leur rituel journalier.

La flexibilité dans les horaires est également l'une des caractéristiques du métier. Il faut se représenter ce que signifie changer d'horaires toutes les semaines, notamment quand on a des enfants. Prenons une possible semaine type. Le mardi, la caissière commence à 8 h 30, le mercredi à 15 h 45, le jeudi à 10 h 15, le vendredi et le samedi à 9 h 15. Pour la fin de journée, c'est pareil : elle termine le mardi à 14 heures, le mercredi à 22 heures, le jeudi à 21 heures, le vendredi et le samedi à 14 h 30. Et la semaine suivante, le planning est totalement modifié. Cette flexibilité n'est évidemment pas choisie : elle relève des décisions d'organisation de l'hypermarché. L'irrégularité de l'agenda professionnel est une source continue de stress et de fatigue. Elle est aussi un handicap pour assumer le rythme d'une vie familiale, avec les contraintes du temps scolaire, des repas ou de l'heure du coucher des enfants. Pourtant, les familles monoparentales sont surreprésentées dans cette profession, ce qui donne le pouls des difficultés quotidiennes rencontrées par tant de femmes caissières.

Subir son emploi du temps se double d'une baisse croissante de marge de manœuvre dans l'exercice du travail. Le manque d'autonomie des caissières m'a toujours affligée, et c'est d'ailleurs un véritable symptôme de l'évolution générale du travail contemporain. Il n'y a pas de place pour l'improvisation. Aucun travail d'équipe n'est prévu. Nous avons tous assisté un jour à cette scène : quand le code-barres d'un produit ne passe pas, la caisse se bloque et la hiérarchie doit être appelée au secours. Une caissière en difficulté ne sollicite pas sa collègue mais son supérieur hiérarchique. Chaque étape du travail fait appel à une procédure extrêmement précise, qui doit être effectuée dans un ordre préétabli. Le non-suivi de la procédure bloque la caisse. Plusieurs fois par jour, les caissières sont donc contraintes d'appeler le ou la cheffe de caisse qui vient avec sa clé pour dépanner. Comme si elles ne pouvaient pas régler elles-mêmes le problème, comme si elles devaient être sous surveillance continue. L'organisation du travail est imperméable à toute forme de prise d'initiative. Elle est également individualisée. Les caissières travaillent dos à dos et sont mises en concurrence par un classement fondé sur les performances personnelles. L'univers de la grande distribution s'avère être un lieu de souffrances, où la déshumanisation du travail joue à plein. Depuis 2000, le taux d'absentéisme dans cette profession s'est d'ailleurs considérablement accru.

Évidemment, la souffrance et l'injustice au travail ne touchent pas que les caissières, au sein de l'hypermarché comme ailleurs. À la faiblesse des revenus, à la pénibilité physique et psychique s'ajoute une perte de sens dans ce que l'on produit. L'automatisation et la spécification des tâches nuisent profondément aux savoir-faire, qui se perdent. Comme le décrit si bien le philosophe Bernard Stiegler, le travailleur subit de plus en plus sa propre activité au lieu d'en être le créateur. Il se trouve ainsi dépossédé et prolétarisé. Les cadres n'échappent pas à ce mouvement. Dans l'hypermarché, il est frappant de voir que ce sont des personnes invisibles et inconnues qui prennent les décisions essentielles qui seront ensuite assumées auprès de l'ensemble des salariés du magasin par le directeur de l'hypermarché, seul interlocuteur physique. Les cadres, comme tant d'autres dans divers secteurs, se retrouvent pris en étau. Ils perdent en autonomie dans leur travail et dépendent de choix financiers et stratégiques des dirigeants du groupe, auxquels ils n'ont pas participé.

Ce mouvement de société, qui s'accompagne de l'essor des fameux *bullshit jobs*, pour reprendre la formule de l'anthropologue David Graeber, ne dit pas tout du ressenti et de la réalité dans l'emploi. Je ne cesse de rencontrer des personnes impliquées dans leurs tâches, attachées au travail bien fait, des caissières fières de se rendre utiles, d'arriver à rester avenantes face à des clients trop souvent désagréables. Mais les témoignages sont intarissables sur les conditions de travail qui continuent de se détériorer. Aujourd'hui, le choix d'être caissière relève de moins en moins d'une option positive. Il s'agit le plus souvent d'un compromis face à différentes contraintes : une étudiante qui doit trouver un emploi à temps partiel pour payer ses études, une mère de famille seule et sans diplôme qui doit reprendre un travail pour avoir un salaire, une femme d'une trentaine d'années qui a cumulé de longues périodes de chômage et décide, à tout prendre, d'être caissière… D'ailleurs, l'identité professionnelle ne cesse de s'affaiblir. Ce qui apparaît attractif, c'est notamment que les emplois restent majoritairement en CDI. Cette donnée masque une précarité économique bien réelle. Le métier de caissière est devenu une trappe à « travailleurs pauvres », soit aujourd'hui en France près de huit millions de personnes qui travaillent mais vivent en dessous du seuil de pauvreté. Pour joindre les deux bouts, certaines caissières sont obligées parfois, souvent, de cumuler leur emploi avec des heures de ménage tôt le matin ou du repassage à domicile. Dans un contexte de chômage de masse, la pile de candidatures aux postes de caissières est immense, et de plus en plus de candidates sont bardées de diplômes. Pourtant, en vingt ans, les salaires dans la grande distribution ont baissé de l'ordre de 25 %. La pression est telle que les conditions de travail et les salaires peuvent se durcir sans que les emplois soient désertés… Cruelle réalité d'une société qui, faute de changement de cap politique, nous tire continuellement vers le bas. Le démantèlement du code du travail a patiemment soutenu cette descente aux enfers pour la masse des salariés. De la loi dite de sécurisation de l'emploi en 2013 aux lois Macron et Rebsamen en 2015, de la loi El Khomri en 2016 à la loi travail en 2018, la régression est en marche. Inlassablement des gouvernements, soutenus par des majorités au Parlement, ont piétiné des conquêtes sociales durement arrachées au XXe siècle.

Je me suis souvent dit que les caissières étaient pour notre époque un peu comme les mineurs aux grandes heures du mouvement ouvrier. À la dureté du métier s'ajoute la menace de leur disparition avec l'arrivée des caisses automatiques. Lors du vaste mouvement social dans la grande distribution en 2018, touchant près de 300 sites et comptabilisant 70 % de grévistes, les caissières furent d'ailleurs rebaptisées « les gueules noires du XXIe siècle ». On se souvient de la fermeture des mines, du débat sur son bien-fondé et sur ses conséquences sociales. Comment anticiper l'arrivée des hypermarchés où seuls les clients biperont leurs produits ?

Les caisses automatiques ont déjà fait leur apparition mais, dans trois ou quatre ans, elles pourraient être généralisées en France. Certains prétendent la disparition du métier de caissière inévitable. Il faudrait plutôt se demander si ce remplacement par des machines est souhaitable. Les progrès techniques doivent servir le progrès humain. Pour ma part, quand la machine peut remplacer un travail humain pénible, je considère par principe que c'est une avancée, un pas réalisé vers la démarchandisation du travail. En l'occurrence, nous devons considérer le risque de voir disparaître ou rétrécir sérieusement la présence humaine dans les hypermarchés. Souhaitons-nous vivre dans une société où le commerce est une affaire toujours plus impersonnelle ? Aujourd'hui, on ne peut pas dire que les échanges dans les grandes surfaces soient marqués par une très grande humanité entre les clients et les personnels. L'échange se trouve souvent réduit à la portion congrue, quand il n'est pas empreint d'agressivité, et l'immensité de l'hypermarché rend le contact humain sommaire. Si les magasins décident d'investir dans les machines, c'est évidemment pour effectuer des gains de productivité en réduisant la masse salariale. Je ne vois donc aucune raison de faire confiance à la grande distribution et à ses nouveaux concurrents pour que la présence humaine soit maintenue avec l'arrivée des machines. En réalité, il nous faudrait imaginer de nouvelles tâches pour ces personnels afin de les protéger du stress et mieux répondre aux besoins des clients. Or aujourd'hui, c'est la recherche de rentabilité à court terme des groupes qui domine. Par ailleurs, le remplacement de dizaines de milliers d'emplois par des machines risque de gonfler plus encore les rangs de Pôle emploi. C'est pourquoi je comprends parfaitement la mobilisation des caissières contre l'arrivée des caisses automatiques, quand personne ne se préoccupe sérieusement de leur avenir, de leur potentielle reconversion. L'État semble s'en laver totalement les mains, ici comme dans d'autres secteurs appelés à décroître. Choisir à tout prix le maintien des emplois pour le maintien des emplois, ce n'est pas le bon guide pour agir. À ce compte-là, nous aurions aujourd'hui encore des poinçonneurs dans le métro… S'il n'est pas question de regretter le fameux poinçonneur des Lilas, celui qu'on croise et qu'on ne regarde pas, comme dit la chanson, il faut savoir que la RATP est par la suite allée bien plus loin : des métros sans conducteurs et des machines en lieu et place des guichets. Il règne depuis un curieux climat dans le métro parisien. Des caméras de surveillance ont été installées pour pallier l'absence de salariés de l'entreprise et les gens s'agacent tout seuls devant des machines avec lesquelles on ne se comprend pas toujours. Avons-nous vraiment gagné au change ? Les « hypermarchés du futur » intégralement connectés, sans humains, nous emmènent dans une société de surveillance généralisée. Nous n'attendrons peut-être plus en caisse mais nos déplacements et nos achats seront suivis à la trace.

Contrairement aux présupposés, le libéralisme économique s'accompagne toujours d'un contrôle social accru. Nous le savons au moins depuis Margaret Thatcher. S'il fallait s'en convaincre, le film de Stéphane Brizé, *La Loi du marché*, donne à voir et à ressentir la déshumanisation engendrée par le néolibéralisme et la surveillance généralisée qui l'accompagne. Remarquablement interprété par Vincent Lindon, Thierry a 50 ans et se retrouve à Pôle emploi. Il finit par décrocher un poste de vigile dans un hypermarché qui consiste à repérer et arrêter les voleurs mais aussi à surveiller ses collègues, et notamment les caissières. Il passe ses journées à regarder les différentes caméras posées aux quatre coins du magasin. Le style très intimiste du film permet de saisir le rapport de forces à l'intérieur de l'entreprise où règne la norme inégale et asymétrique du pouvoir, où les uns imposent et intimident quand les autres acquiescent et se soumettent, la peur au ventre. Au risque de spoiler, comme on dit aujourd'hui, la fin du film, celle-ci est aussi tragique que réaliste et montre la folie de notre époque. L'une des caissières a été repérée par la vidéosurveillance en train de voler des bons de réduction. Soumise à la question par ses supérieurs, elle subit une pression toute en violence et en humiliations. Le lendemain, ses collègues apprennent son suicide. Thierry, qui ne peut supporter de se sentir complice de ceux qui ont poussé cette femme à se donner la mort, quitte son poste et nous laisse face à la dureté d'une situation qui ne semble avoir d'autre issue que celle d'une forme d'héroïsme de la fuite. Ce geste individuel, qui sauve l'honneur, qui incarne une dignité personnelle, nous renvoie en réalité à l'action collective, à tout ce qui matrice un ordre des choses aussi révoltant. Quand arrive le générique, on se dit qu'une telle société a rompu avec l'humanité et qu'elle est sans avenir. Il faut donc agir pour qu'il en soit autrement.

Les profiteurs

« Et que fais-tu de tes cinq cents millions d'étoiles ?

— Cinq cent un millions six cent vingt-deux mille sept cent trente et un. Je suis sérieux, moi, je suis précis.

— Et que fais-tu de ces étoiles ?

— Ce que j'en fais ?

— Oui.

— Rien. Je les possède. [...]

— Et à quoi cela te sert-il de posséder les étoiles ?

— Ça me sert à être riche.

— Et à quoi cela te sert-il d'être riche ?

— À acheter d'autres étoiles, si quelqu'un en trouve. »

Antoine de Saint-Exupéry, *Le Petit Prince*,
chapitre 13 : « Le businessman », 1943.

« On peut [...] ne pas être séduit par le système capitaliste dont on nous vend pourtant qu'il est sans égal, voire le seul en mesure d'assurer le bonheur de l'humanité. À condition qu'on attache la notion de bonheur à la seule possession des biens [...]. Pour tout esprit normalement constitué, si on lui donne à choisir entre sa vie et un tas d'or, il semble que nul ne choisira le tas d'or. Or il s'agit bien de cela : le tas d'or (pour un pour cent de la population) contre la survie de l'humanité (sept milliards). C'est oublier que la raison financière ne fonctionne que sur un unique critère, parfaitement borné. Pour elle la vie sans profit n'est pas la vie. »

Jean Rouaud, *L'Avenir des simples*, Grasset, 2020.

Quand tant de consommateurs se serrent la ceinture et vivent dans la frustration infinie, quand les caissières travaillent péniblement pour un salaire de misère, d'autres n'arrêtent jamais leur course à l'obésité. C'est ainsi, la loi du profit ne connaît pas la crise. La période de confinement démarrée en mars 2020 nous en a donné un éclairage saisissant. Alors que notre pays affrontait la dureté de la tragédie sanitaire et que le chiffre d'affaires des hypermarchés, tous produits confondus, avait baissé de 3,3 % entre 2010 et 2018 selon le cabinet d'études Nielsen, les bénéfices au sein de la grande distribution ont alors bondi de 22 %. Un vrai boom s'est observé fin mars avant une certaine décrue, les Français ayant par la suite davantage boudé les hypermarchés, sans doute par peur d'y attraper le virus mais peut-être aussi par volonté de gagner en qualité de déplacement comme de consommation. Les magasins de proximité, la vente directe par le producteur et bien sûr l'e-commerce ont proportionnellement mieux tiré leur épingle du jeu. Néanmoins, la fermeture de toutes les formes de restauration collective et la pénurie de certains produits, qui a contraint des consommateurs à en acheter dans une gamme supérieure, et donc plus chère, ont permis à la grande distribution de générer de confortables marges. C'est également une hausse de certains prix qui explique cette poussée. Durant les premières semaines d'arrêt inédit, les tarifs des fruits et légumes ont crû en moyenne de 9 %. Les ventes de viande ont explosé, plus 24 % pour les steaks hachés en frais et même 60 % dans leur version surgelée. Je ne dis pas qu'aucun geste commercial n'a été imaginé. Le souci de l'image de ces grandes entreprises fait partie des stratégies de marketing. Par exemple, quand la *Start up Nation* refusait devant le Parlement de bloquer les prix des masques au nom de la sacro-sainte innovation, certaines enseignes en proposaient à prix coûtant. Mais si l'on fait les comptes, le montant du caddie a pris un envol redoutable pendant que les profits dans la grande distribution n'ont pas chômé. Les bénéfices enregistrés ne se sont pas traduits par une augmentation des salaires de celles et ceux qui installent les rayons de bouteilles, servent la charcuterie ou encaissent les achats. Même la prime « exceptionnelle » de 1 000 euros, incitée par un dispositif de défiscalisation promu par le gouvernement – et qui, ne l'oublions pas, grève les caisses de protection sociale –, a eu bien du mal à se concrétiser partout et pour tous. Pour l'image, l'effet de l'annonce de la prime avait de l'allure mais, dans la réalité, celle-ci fut distribuée au compte-gouttes, en multipliant les conditions d'obtention. Chez Carrefour par exemple, les salariés ne savaient pas encore ce qu'il en serait pour eux quand l'assemblée générale des actionnaires fut réunie pour verser 179 millions d'euros de dividendes. Même divisés par deux en raison de la pression médiatique en ce temps de drame sanitaire, c'est par dizaines de millions d'euros que les dividendes ont tout de même été distribués en mai 2020… Pour faire bonne mesure, le P.-D.G. de Carrefour a cependant renoncé à une partie de son salaire fixe sur deux mois. Mais l'effort est une notion décidément bien relative puisque cette baisse de 62 500 euros ne correspond qu'à… 0,8 % de son salaire. Ces dix dernières années, Alexandre Bompard a gagné 410 fois plus que le salaire moyen dans l'entreprise. Quel est le sens, la justification d'un tel écart ?

La catastrophe collective du coronavirus n'a fait qu'éclairer de façon implacable l'injustice d'un système social et économique qui sert le profit et non le bien commun. Dans ce moment où les injustices sont apparues de façon crue et brutale, il n'était pas compliqué de contrarier la mécanique. Encore aurait-il fallu en avoir la volonté. Une solution simple et efficace aurait pu être instituée : l'encadrement des prix de biens de première nécessité. Une loi claire et adaptée aurait pu être votée : la taxation des revenus financiers. Une mesure sûre et opérante aurait pu s'imposer : la hausse du SMIC, accompagnée d'une modification de la fiscalité pour que les petites et moyennes entreprises, qui paient aujourd'hui proportionnellement beaucoup plus d'impôts que les entreprises du CAC 40, puissent l'assumer sans se mettre en danger. Un investissement élémentaire et rentable aurait pu être adopté : le renforcement des moyens humains et juridiques pour lutter efficacement contre la fraude et l'évasion fiscale, qui représentent 80 milliards d'euros de pertes pour l'État chaque année. Bref, il n'y a peut-être *pas d'argent magique*, mais des choix politiques peuvent mettre l'argent au service du bien-être et de l'égalité.

Crise sanitaire ou pas, inutile de chercher une autre finalité, une autre moralité pour des grands groupes économiques que de dégager des bénéfices pour être « compétitifs » sur « le marché », c'est-à-dire pour assurer des dividendes aux actionnaires. Nos vies ne rentrent pas dans leur « hypermarché » mais voilà quarante ans que la mainmise de la finance sur l'économie, qui augmente les profits et le consumérisme en abaissant du même geste les revenus du travail, est encouragée par les gouvernements français et l'Union européenne qui a gravé dans le marbre de ses traités les dogmes néolibéraux. Et toute honte bue, les mêmes qui ont décidé de cette orientation politique sont capables de nous servir, sans rire, de grands couplets sur la valeur travail ! Comment revendiquer la réussite dans et par le travail lorsque le système économique a besoin d'emplois prolétarisés en matière de revenus et d'intérêt ? Ce qu'ils ont enfanté, c'est une société de la vie chère et non de la chère vie.

Quand allons-nous sérieusement débattre du partage de la valeur ajoutée ? Quand l'attribution des bénéfices cessera-t-elle d'être laissée au libre-arbitre des grands patrons, eux-mêmes sous l'emprise de la globalisation néolibérale ? Quand allons-nous doter celles et ceux qui produisent, travaillent, de pouvoirs en la matière ? Quand les législations nationale, européenne, internationale seront-elles outillées pour faire basculer des sommes indûment versées aux actionnaires dans le giron du bien public ? Ma réponse tient en une phrase : quand nous serons suffisamment nombreux à l'exiger.

Pendant ce temps-là, alors que le sentiment d'injustice du système flambait au cœur de la crise sanitaire, Bruno Le Maire a tenté une inflexion. Le ministre de l'Économie a *demandé* aux entreprises de *modérer* le versement de leurs dividendes. Au lieu de prendre des mesures contraignantes, comme il l'a fait quand il s'est agi de mettre de sévères amendes aux personnes qui, en période de confinement, sortaient dans la rue sans leur formulaire, le gouvernement a émis gentiment des encouragements, sous forme d'invitation à la mesure. L'appel à la générosité ou à la décence ne calmera jamais l'appétit des actionnaires. Entre 35 et 41 milliards d'euros de dividendes ont été versés au cours des premières semaines de ravage du Covid-19. C'est moins que les 60 milliards initialement prévus et qui devaient constituer un nouveau record historique mais, au regard du contexte, ces sommes sont apparues particulièrement insolentes. Nous mesurons ici la désastreuse affectation des richesses, qui n'est pas passagère mais structurelle. L'ONG Oxfam a montré qu'entre 2009 et 2018, les versements aux actionnaires du CAC 40 ont augmenté de 70 %. La rémunération des P.-D.G. a également crû de 60 %. En 2018, l'écart entre la rémunération des

P.-D.G. et le salaire moyen était de 107, en augmentation de 30 % par rapport à 2009. La pensée dominante a beau regarder ailleurs, chercher les « profiteurs » parmi les chômeurs ou les fonctionnaires, désignés comme des tire-au-flanc, cette réalité finit vraiment par se voir et nourrir une colère que je juge absolument saine.

Le gouvernement a bien senti que les Français seraient choqués par ces revenus aussi indus qu'indécents, mais il est resté claquemuré dans son cadre idéologique : ne pas *faire fuir les capitaux*, ne rater aucune marche dans la course internationale à la sacro-sainte *compétitivité*, ne pas décourager ceux qui *entreprennent* et *méritent* leurs ventripotentes rémunérations. Et que dirait Bruxelles si la France taxait sérieusement les flux financiers ? Face à des Français de plus en plus critiques, le gouvernement espère s'en tirer avec des mots. Quelques semaines après le bougé verbal de Bruno Le Maire, le secrétaire d'État Gabriel Attal a *invité* les grandes fortunes à donner davantage au monde associatif… La charité à la carte plutôt que l'impôt pour tous ? Après la liberté d'entreprendre, voici la liberté de participer au partage des richesses ! Chacun peut imaginer comme les hyper-riches ont dû frémir et ouvrir sans attendre leur portefeuille… Le gouvernement s'obstine visiblement à croire qu'au fond, la contestation ne relève que d'une simple affaire de communication : si les Français n'adhérent pas à sa politique, c'est parce que celle-ci est mal expliquée. Suffit-il de cacher l'arbre des mesures impopulaires derrière la forêt de la langue de bois ? Ces ficelles sont désormais usées jusqu'à la corde.

En macronie, quand il s'agit des plus riches, on ne gouverne plus. On quémande. Alors ministre des Comptes publics, Gérald Darmanin a mis en ligne une cagnotte afin de recueillir les dons des entreprises et des particuliers pour « participer à l'effort de la nation contre le Covid-19 ». Comme si la loi, instrument normatif, n'était pas l'outil parfait pour assurer une autre affectation des richesses. Comme si le libre marché était indépassable. Comme si le droit de propriété était sacré. Le gouvernement bricole des réponses pour celles et ceux qui ont faim, octroie de maigres aides conditionnées à l'excès – bureaucratie, quand tu nous tiens… ! – et des reports de cotisations sociales pour les restaurateurs, les fleuristes ou les cordonniers. Il livre à leur sort dans un silence assourdissant les intermittents qui font vivre le monde de la culture, abandonne avec une incroyable légèreté les professions libérales, laisse se débrouiller en première ligne les communes essorées par la réduction des dépenses publiques… Et pendant ce temps, les ministres sollicitent avec courtoisie un geste des grands groupes qui engrangent des profits aussi obèses qu'obscènes. Que valent ici de simples incitations ? Rien.

Je me suis toujours demandé comment nous pouvions collectivement supporter cet état de fait, pourquoi nous n'avions pas encore réussi à imposer un revenu maximum et une copieuse taxe sur les transactions financières. Ces profits financiers qui s'accumulent, ces revenus insensés qu'empoche un si petit monde, loin de toute logique de bien commun, c'est tout simplement inacceptable. Si la contestation grandit face à cette folle possession, c'est aussi que les vertus prêtées au capitalisme mondialisé ne cessent de tomber les unes après les autres. Ne sous-estimons pas la puissance dans l'imaginaire de la méritocratie et la force du moteur individuel que constitue la quête de possession et le rêve de parvenir. Même si elles pervertissent le désir, appauvrissent le sens de la vie et du travail, génèrent de l'inégalité en masse, ces motivations ne sont pas sans efficacité pour faire se lever le matin des travailleurs exploités, pour donner l'illusion d'un bonheur qui s'arrache avec la propriété et la réussite individuelle. Mais ce qui me frappe, c'est la montée en régime d'une contestation de ces normes, notamment au sein d'une jeunesse qui s'interroge de plus en plus sur l'intérêt des emplois qui lui sont proposés et sur la réalité des promesses que lui murmure la vieille société de consommation. Avec la montée de la précarité et la crise climatique, la confiance dans les bienfaits de notre système économico-social s'est grippée. Il faut dire que l'épouvantail de l'URSS s'est bien effrité depuis la chute du mur de Berlin, lui qui permettait justement à la pensée dominante d'associer sans débat le capitalisme à la voie du progrès et de la démocratie. Si les expériences de type soviétique ont échoué, le capitalisme n'a pas gagné pour autant. Comme le roi du conte d'Andersen, il est désormais nu. Ce qui se perçoit chaque jour un peu plus, c'est que la liberté tant promise se mue en déclassement et précarité, en délocalisations et démantèlement des services publics, en surveillance généralisée et en perte de sens. Car le fil de l'émancipation humaine, et donc celui de la liberté, ne sera jamais celui de l'esprit du capitalisme, pour reprendre l'expression du philosophe Pierre Dardot et du sociologue Christian Laval.

Ce qui caractérise le capitalisme contemporain, c'est non seulement un partage toujours plus injuste de la valeur ajoutée mais aussi un système financiarisé de plus en plus complexe. Entre le producteur et le consommateur, une myriade d'intermédiaires et de sous-traitants vient tisser une toile de concurrence qui a des allures de jungle, encouragée par l'OMC ou le FMI. Dans l'hypermarché, le domaine de l'alimentation permet de mesurer à quel point la course aux profits peut se révéler désastreuse. Celles qui en jouissent, ce sont les multinationales qui engrangent allégrement les dividendes pendant que les agriculteurs et les ouvriers qui produisent concrètement notre alimentation se meurent. Prenons un exemple concret : six grands groupes, tels que Lactalis ou Danone, se partagent 90 % de la transformation du lait, et cinq groupes, parmi lesquels Carrefour, Leclerc et Auchan, dominent pour le transit des produits laitiers. Depuis la suppression des quotas laitiers en 2003, les rapports de forces sont devenus extrêmement violents entre les producteurs de lait et ces grands groupes. Résultat : si nous achetons plus cher notre pack de lait, ce n'est pas le producteur qui va en profiter mais des multinationales ! Avec les récents traités de libre-échange dits « nouvelle génération », comme le CETA ou le JEFTA, que nous avons combattus notamment avec les Insoumis et les communistes à l'Assemblée nationale dans un silence médiatique assourdissant alors que les enjeux sont considérables, la dérégulation économique abaisse drastiquement les normes de protection sanitaire et les barrières douanières. Elle favorise la concentration et les délocalisations désastreuses de la production. La communauté paysanne se retrouve mise sous tutelle financière et même les terres sont chaque jour un peu plus accaparées pour servir des projets déraisonnables en matière d'environnement, de santé et de souveraineté alimentaire. Or, au moment où l'on met un produit alimentaire dans son caddie, on regarde d'abord son prix. Selon un sondage réalisé par l'institut Ipsos de 2019, 58 % des consommateurs font leurs courses à dix euros près, et 14 % sont à l'euro près. Le premier critère, pour 86 % des Français, c'est une éventuelle promotion. Dans ces conditions, comment inclure dans son choix toute la chaîne de profiteurs et tous les méfaits engendrés pour en arriver là, dans le rayon de l'hypermarché, à ce tarif ? C'est dire si la hausse du revenu disponible pour l'alimentation est un enjeu social et sanitaire de première importance.

En attendant, la course à la rentabilité se répercute sur la qualité des aliments. Les matières premières trop chères sont remplacées par des équivalents de piètre qualité, voire dangereux pour la santé. Les additifs tels que le sel et le sucre pour relever la saveur, les nitrates et les nitrites, les conservateurs et autres agents de texture viennent transformer les propriétés nutritives de ce que nous mangeons. Les yaourts aux fruits – parfois sans fruits ! – sont désormais bourrés de colorants et d'arômes artificiels, les ailes de poulet sont des morceaux de restes de viande broyée et reconstituée, frits en forme d'ailes pour créer l'illusion, certains surimis ne contiennent que 22 % de poisson… Les exemples abondent et démontrent que les difficultés des producteurs se répercutent sur les consommateurs, faute de règles légales protectrices. Comme l'a montré la brillante porte-parole d'Attac, Aurélie Trouvé, dans *Le business est dans le pré*, l'agro-industrie détruit la santé des consommateurs et la nature. Ce n'est pas un complot, ce n'est pas une ignorance des méfaits engendrés, c'est tout simplement la logique du profit qui prime sur l'intérêt humain. C'est pourquoi nous avons impérieusement besoin de barrières légales pour contrecarrer les délocalisations et le pouvoir financier, y compris de banques, dans un domaine aussi vital que celui de l'alimentation. Aujourd'hui, nous pâtissons dangereusement de la mise en concurrence sauvage dans un bras de fer totalement inégalitaire entre les PME et petits producteurs d'une part, et les grands groupes et multinationales d'autre part. Et ce sont les pouvoirs politiques qui leur donnent les clefs ! La législation est totalement laxiste dans ce domaine quand elle n'est pas, à l'échelle européenne notamment, pleinement complice de la voracité capitaliste.

Nous en sommes là : l'inégalité du rapport de forces est telle que les producteurs travaillent à perte et se retrouvent totalement dépendants des aides de la Politique Agricole Commune, lorsqu'ils en bénéficient, puisqu'elles privilégient les plus grandes exploitations, au détriment des petites, plus propices pourtant à l'agriculture biologique et/ou raisonnée. Il faut savoir qu'un agriculteur bio perçoit en moyenne deux fois moins d'aides par hectare qu'un agriculteur en production « conventionnelle ». Il reste aux petits agriculteurs deux solutions : la misère ou le suicide. Dans le drame cinématographique, inspiré d'une histoire vraie, d'Édouard Bergeon, *Au nom de la Terre*, on comprend très bien comment le travail acharné et l'endettement peuvent conduire au scénario le plus tragique. Le paysan écrasé de dettes, interprété par Guillaume Canet, met fin à ses jours. Avec plus de deux suicides par jour chez les agriculteurs, la réalité fait froid dans le dos.

Si les petits agriculteurs sont les grands perdants, les consommateurs ne sortent pas plus victorieux de la logique du profit. D'ailleurs, la défiance ne cesse de grandir à l'égard de l'alimentation industrielle comme des produits ménagers ou des cosmétiques. Une kyrielle de logos et applications est censée nous rassurer, en nous permettant de vérifier la qualité des produits achetés. Mais si l'on y regarde de près... Le label bio dans les hypermarchés est de ce point de vue emblématique. Initialement, le bio désigne un modèle agricole alternatif, avec des méthodes culturales sans intrants chimiques, un revenu digne pour les agriculteurs, de petites exploitations, une relocalisation de la production alimentaire, gage de souveraineté. Or le label européen définit des normes qui sont très éloignées de cette conception. Il n'existe notamment aucune obligation de produire l'alimentation du bétail sur la ferme : on peut donc importer du soja de l'autre bout du monde pour nourrir ses bêtes et obtenir le label. De la même manière, la saisonnalité n'est pas une norme imposée : un aliment bio peut avoir fait des centaines voire des milliers de kilomètres avant d'être posé en rayon. Des amandes labellisées bio peuvent également se vendre, sans fard, dans un emballage plastique. La condition des travailleurs n'est pas davantage concernée par le label : des fermes-usines bio peuvent tout à fait recourir à de la main-d'œuvre immigrée totalement sous-payée. Cette inattention à de nombreux paramètres sociaux et écologiques est aussi le produit d'un basculement dans la gouvernance du bio. Au départ, le bio relève d'une certification participative, avec des normes de qualité définies par les parties prenantes que sont les consommateurs, les producteurs et les transformateurs. On le voit encore aujourd'hui dans le modèle du groupe Biocoop, coopérative de consommateurs, où les sociétaires votent pour nommer le directoire. Quand la grande distribution s'est emparée du bio, elle a reproduit les rapports prédateurs du secteur conventionnel : prix abordés sous l'angle de la consommation et non de la production, préférence donnée aux produits d'importation en raison du « coût du travail » à l'étranger jouant comme variable d'ajustement. Un label bio ne règle donc pas la question du pouvoir de la grande distribution et de l'industrie agro-alimentaire sur les chaînes de valeur, là où le bio des débuts faisait de la rémunération du producteur un objectif clef et construisait un dispositif de commercialisation à même de le garantir.

Pour autant, et contrairement aux idées reçues, l'alimentation n'est plus aussi lucrative qu'autrefois pour les hypermarchés. Un rapport de l'Observatoire des prix alimentaires a mis en lumière, en 2019, des marges sérieusement réduites pour la grande distribution. Il est même des produits, comme le pain, qui sont vendus à perte. En revanche, il apparaît clairement que c'est sur le label bio que les grands groupes font désormais leur miel. La grande distribution capte 41 % des marges du bio ! Pour une pomme, alors que le prix agricole en bio est supérieur de 70 % au conventionnel, la marge brute de la distribution est jusqu'à deux fois et demie plus importante. Comme le souligne *UFC-Que Choisir*, si la grande distribution appliquait au bio la même marge qu'en conventionnel, le budget annuel d'une consommation de fruits et légumes bio diminuerait de 18 % ! Ou comment mesurer à quel point le fonctionnement actuel ne nous conduit pas vers le progrès à portée de main du grand nombre…

Au final, le profit se fait donc sur le dos des travailleurs, des agriculteurs et des consommateurs. Il en découle une mauvaise alimentation représentant un coût pour notre système de santé qui est évalué à plus de 40 milliards d'euros, comme le souligne mon collègue Loïc Prud'homme dans son court essai passionnant, *Malbouffe. Un député met les pieds dans le plat.* Non seulement nous pourrions aujourd'hui nourrir deux fois la population mondiale quand plus de 821 millions de personnes, selon l'ONU, souffrent de la faim dans le monde avec des risques graves pour leur vie, mais nous serions également en mesure de permettre à celles et ceux qui produisent l'alimentation de gagner dignement leur vie, comme à nos assiettes de nous apporter ce qui est bon pour le goût et notre santé. Mais des géants jouent en Bourse avec la vie parce que les instances dites démocratiques ne jouent pas leur rôle pour réglementer et partager ce qui devrait l'être.

À côté, la pauvreté

« La pauvreté n'est pas naturelle, ce sont les hommes qui la créent et la tolèrent, et ce sont les hommes qui la vaincront. Vaincre la pauvreté n'est pas un acte de charité, c'est un acte de justice. »

Nelson Mandela, prix Nobel de la paix,
discours à Londres lors du rassemblement
« *Make Poverty History* », 2005.

« Plus on aide les gens, plus ils sont aptes à sortir de la trappe à pauvreté. »

Esther Duflo, prix Nobel d'économie, entretien pour *Le Monde*,
3 janvier 2020.

En sortant de l'hypermarché, quelques centaines de mètres plus loin, à un feu rouge, un homme d'une quarantaine d'années tapote à ma fenêtre, en disant simplement : *s'il vous plaît*... Je viens de parcourir les travées d'une orgie de marchandises, mon coffre est rempli de victuailles pour mon frigo et mes placards, et cet homme n'a pas de quoi subvenir à ses besoins vitaux. Son corps semble lourd, son regard flotte dans le vague, sa barbe plonge vers le sol. Dans un panier sur le trottoir, à côté de son bagage usé et débordant, un petit chien dort. Quelqu'un lui a visiblement déposé des boîtes de nourriture destinées à l'animal. L'homme a fabriqué un petit récipient en carton où des centimes se battent en duel. J'ai toujours été frappée par la façon dont les gens pressés, c'est-à-dire la majorité d'entre nous, les égoïstes sans vergogne ou les personnes submergées par leurs propres préoccupations et leurs angoisses – à qui n'est-ce pas arrivé ? – pouvaient ne même plus voir les êtres humains qui mendient. D'ailleurs, le mobilier urbain s'est progressivement adapté à la volonté d'invisibiliser les sans-abri. Regardez ces bancs, avec des picots, des accoudoirs ou des plans inclinés, sur lesquels il n'est plus possible de s'allonger. L'ingéniosité ne se développe pas contre la pauvreté mais contre les pauvres. Ici, des douches froides se déclenchent automatiquement à l'entrée d'un parking sur les malheureux piétons qui voudraient y entrer. Là, c'est un spray répulsif qui vise à éloigner les sans-abri. Jusqu'où ira-t-on ? À mesure que la précarité plonge toujours plus d'êtres humains à la rue, notre société tend à rendre les pauvres responsables de leur sort et à cacher la misère au lieu de regarder la faille dans la prétendue main invisible du marché. C'est ainsi que l'homme dénudé ressent de la honte. Parce que, comme le dit le président des riches, Emmanuel Macron, il y a « ceux qui réussissent » et « ceux qui ne sont rien ». Une version policée de la réplique mythique de *La Traversée de Paris*, « salauds de pauvres », dont la violence n'a d'égale que l'arrogance.

Depuis ma plus tendre enfance où mon père me tendait une pièce pour que je la donne au clochard, selon le terme de l'époque, qui signifiait à l'origine : celui qui boite, marche en traînant les pieds, ou celui qui sonnait la cloche en échange d'un repas, avant que des technocrates n'habillent le réel avec un sigle – SDF –, j'ai à cœur de regarder en face cette réalité. C'est une question d'éducation, un enjeu d'humanité. Il m'arrive pourtant de passer mon chemin parce que je suis pressée ou trop absorbée par mes préoccupations. Devant la sollicitation d'un démuni, j'en ai vu d'autres avancer à grands pas, au son du bruit des pièces secouées au fond de leurs poches. Et que dire de ceux qui, venant d'acheter un paquet de cigarettes, répondent quelques minutes plus tard avec aplomb à un sans-abri qui leur en demande une : *désolé, je ne fume pas*... Peut-être ont-ils alors ressenti une forme de gêne, de petitesse. D'autres encore, en grande difficulté pour finir le mois, dans l'impossibilité de déposer la moindre pièce, pensent simplement avec gravité : *je pourrais me retrouver à sa place*... Même les grands cœurs peuvent se trouver incapables de faire un geste face à quelqu'un qui fait la manche. Parfois, ne rien donner, c'est aussi une façon de dire : *je ne suis pas responsable de l'organisation sociale qui vous a conduit là*. Quelle que soit notre attitude, à la croisée des ressorts intimes et politiques, la charité ne saurait se confondre avec la solidarité et le partage, qui sont les principes cardinaux pour répondre à ces personnes en situation d'extrême précarité.

J'appartiens à la génération des Restos du Cœur. À 12 ans, j'ai entendu Coluche nous expliquer à la télévision qu'il lançait cette association comme un cri d'alerte, en attendant que les pouvoirs publics prennent leurs responsabilités. En caisse au supermarché, des bénévoles sont apparus pour récupérer, selon notre bon cœur, des bouteilles d'huile, du sucre ou des pâtes afin de préparer des repas pour les plus pauvres. On chantait à tue-tête avec les copains : « Aujourd'hui, on n'a plus le droit, ni d'avoir faim ni d'avoir froid ! » C'était en 1985. Trente-cinq ans plus tard, non seulement l'association n'a pas rendu son tablier en fêtant les décisions politiques qui seraient venues à bout de la pauvreté dans la sixième puissance économique mondiale, mais les antennes des Restos du Cœur se multiplient, le nombre de plats servis a littéralement explosé. Pour son premier hiver, l'association avait distribué 8 millions de repas. Aujourd'hui, plus de 133 millions de repas sont apportés chaque année aux plus démunis. Une augmentation impressionnante que connaissent bien toutes les associations de solidarité qui agissent contre la pauvreté. Heureusement, des bénévoles, des structures se démènent pour venir en aide aux personnes qui ne s'en sortent pas face à la dureté du néolibéralisme, à la baisse des droits et protections, aux inégalités. Heureusement que cette générosité vient combler, fût-ce modestement, les terribles trous dans la raquette sociale au cordage toujours plus distendu. Mais ces associations comme les gestes individuels d'entraide ne peuvent, à eux seuls, renverser l'ordre des choses qui produit de tels écarts de situation, contraignant une partie de la population à dormir dans la rue ou à vider les poubelles pendant que d'autres thésaurisent et se pavanent dans le luxe.

Le sans-abri à deux pas de l'hypermarché en dit long sur notre modèle de développement. Ce qui frappe, c'est évidemment la comparaison entre les tonnes de gaspillage alimentaire et le superflu dans les caddies, d'une part, et la réalité de cet homme qui ne peut pas se nourrir et vivre décemment, d'autre part. « C'est de l'enfer des pauvres qu'est fait le paradis des riches », écrivait Victor Hugo. Oui, contrairement à ce que rabâchent les néolibéraux, il y a un caractère relatif entre la pauvreté et la richesse. Être pauvre signifie ne pas jouir de biens auxquels d'autres ont accès. C'est pourquoi des mécanismes puissants de mise en commun des richesses devraient empêcher qu'en France, des personnes vivent sans toit alors que notre pays compte trois millions de logements vacants et que d'autres, souvent les mêmes, ne puissent pas manger à leur faim alors que, chaque seconde, trente-huit kilos de nourritures consommables sont jetés par les foyers français.

Avec la crise du Covid-19, les files d'attente devant les banques alimentaires se sont allongées de façon saisissante, plongeant de nouveaux publics dans la détresse. On a vu s'ériger, dans des locaux associatifs comme dans des centres sociaux municipaux, des montagnes de riz, de lait ou de gel douche prêts à être distribués aux familles, aux étudiants. Dans le même temps, le nombre de repas servis par les Centres communaux d'action sociale (CCAS) aux personnes isolées a grimpé en flèche. Si le tissu associatif et les personnels municipaux ont permis à de nombreuses personnes de ne pas sombrer dans la famine, la réponse du gouvernement fut, quant à elle, tout à fait révélatrice : tardive et de bien basse intensité. Observons les volumes : quatre millions de foyers touchant les minima sociaux se sont vu attribuer une enveloppe de 900 millions d'euros, via des aides exceptionnelles de 100 à 150 euros, majorées de 100 euros par enfant. Ce bonus fut effectif le 15 mai alors que le confinement avait commencé le 17 mars ! Pendant ce temps, la suppression de l'impôt sur la fortune votée par LREM en 2019, qui rapporte aux plus riches 3,2 milliards d'euros par an, n'a pas été remise en cause. Nous n'avons pourtant eu de cesse, à l'Assemblée nationale, que de proposer des amendements dans ce sens lors du vote du budget rectificatif en pleine crise sanitaire. Entre 6 000 et 26 000 euros sont donc restés sur le compte de quelques centaines de milliers d'hyper-riches au lieu d'être affectés à la nécessaire solidarité. Les ministres n'ont pas brillé par la pertinence de leurs arguments indigestes pour légitimer un tel maintien. Les députés macronistes n'ont pas sourcillé en appuyant sur le bouton « contre » de leur pupitre. Non, ils n'ont pas eu honte. Loin du regard des pauvres, ils ont servi les intérêts des nantis, là comme ailleurs. Dans ce même budget rectificatif, 20 milliards d'euros ont été attribués aux grandes entreprises sans contreparties sociales et environnementales. Au sein de l'hémicycle, nous avons hurlé dans le vide : la macronie est restée impassible. Sûre d'elle-même, la méritocratie et le ruissellement en bandoulière.

Le pouvoir en place a également imaginé un dispositif qui me paraît symptomatique de son approche sur le fond, en rien innovante : des chèques d'urgence alimentaire utilisables pour des produits de première nécessité dans les supermarchés. Répartis *via* les CCAS, ils devaient permettre de venir en aide aux populations les plus fragiles des territoires populaires. À première vue, on a envie d'applaudir. De toute façon, c'est mieux que rien. Mais voilà le trafic : les familles doivent avoir pris connaissance du dispositif et venir chercher ces bons d'une centaine d'euros, variables selon les situations, et donc faire à nouveau la démonstration de leurs difficultés sociales. Je me suis trouvée à Sevran un jour de distribution de ces chèques dans l'un des centres sociaux agréés pour le faire. Les personnels étaient stupéfaits car la majorité des chèques leur restait sur les bras. Ils, et surtout elles, une fois encore, avaient pourtant alerté par téléphone les familles, parfois même calé des rendez-vous qui ne furent pas honorés, et finissaient par se demander s'ils n'iraient pas les porter directement chez les gens. N'ayons pas de doute sur le fait que les agents publics comme le tissu associatif se mobiliseront jusqu'à épuisement des stocks de ce type de bons d'achat mais, franchement, l'énergie pourrait se déployer ailleurs ! Il y a tant à faire en matière d'accompagnement social...

Je me demande si, au sommet de l'État, là où est pensé ce type de solution, on a une vague idée de la dimension concrète et réelle des choses. En l'occurrence, lorsque l'on se trouve dans une grande précarité, les démarches administratives peuvent tout à fait rebuter, voire braquer. Il n'y a qu'à voir le nombre de non-recours au droit ou la faiblesse du pourcentage d'allocataires du RSA proportionnellement à tous ceux qui y ont droit. En écoutant les professionnels, je me suis interrogée : puisqu'il s'agit de familles repérées pour leur situation, bénéficiant déjà d'aides sociales, avec leur numéro de compte identifié par l'État, pourquoi ne pas verser directement cette somme sur leur compte ? Pourquoi doivent-elles à nouveau se déplacer pour aller chercher l'aide et ensuite, devant les caissières et les clients dans les supermarchés, faire apparaître leur différence en payant non pas avec de l'argent comme tout le monde mais avec un chèque qui signe leur situation ? J'y vois un marqueur d'humiliation.

Les néolibéraux sont des champions pour monter des usines à gaz bureaucratiques. Le film bouleversant de Ken Loach, *Moi, Daniel Blake*, nous a plongés dans cette réalité kafkaïenne. Le personnage central, un menuisier veuf qui, après une crise cardiaque, ne peut plus exercer son métier, est confronté aux dédales administratifs de l'équivalent de Pôle emploi en Angleterre. J'entends encore la petite musique du téléphone qui n'en finit pas de le faire patienter. La souffrance de cet homme, qui ne trouve plus sa place dans la société et se voit enchaîné à des problèmes en cascade, résonne avec celle de personnels administratifs appliquant des règles toujours plus strictes qu'ils n'ont pas édictées.

Pour parer aux crises alimentaires et empêcher que des personnes ne se retrouvent à la rue, pour éviter que tant d'êtres humains dévalent la pente avec tant de conséquences sociales et psychologiques à la clé, il faut partager les richesses et l'emploi. Il faut aussi assurer des filets de sécurité. Une solution simple et si évidente devrait s'imposer : l'augmentation des minima sociaux. Un revenu garanti sans condition permettant de vivre dans la dignité est à la portée de notre pays riche. L'extension du socle des droits et protections doit guider l'action publique là où les gouvernements successifs n'ont de cesse que de les raboter, mettant à terre progressivement tous les conquis de notre modèle social et laminant tout espoir de progrès humain.

Dans un pays aussi riche que le nôtre, personne ne devrait vivre en dessous du seuil de pauvreté.

Je crois qu'au fond, notre société ne sort pas de cette idée : *s'ils sont pauvres, c'est de leur faute*. Au diable les mécanismes de reproduction sociale… « Yes you can » ! Si l'État donne aux familles les plus en difficulté un chèque ciblé sur les dépenses de première nécessité, c'est que nous n'avons pas confiance : nous leur faisons porter la responsabilité de leur situation. En attribuant directement une somme sur leur compte, allez savoir, ils pourraient l'utiliser à autre chose, ces « profiteurs ». Si ce que font les pauvres de leur argent est scruté, surveillé, c'est que ces sommes apparaissent comme le produit de « nos » impôts, de « notre argent », comme des prêts et des dons supposant des contreparties, contrairement aux riches qui peuvent faire ce qu'ils veulent de « leur » argent, libre à eux de le gâcher ou d'en jouir comme bon leur semble. Comme le décrit Denis Colombi dans un livre particulièrement éclairant, *Où va l'argent des riches ?*, les pauvres paient plus cher que les autres. Dans l'hypermarché, ils guettent la moindre promotion mais ne sont pas toujours en mesure de s'acheter un lot de paquets de spaghettis et une cargaison de rouleaux de papier toilette parce qu'ils n'ont pas les moyens de débourser une telle somme en une fois. Pourtant, acheter de plus grosses quantités ou des produits solides, et donc plus durables mais plus chers à l'acquisition, leur ferait économiser de l'argent. De la même manière, les crédits à la consommation pénalisent les moins dotés économiquement. Pour joindre les deux bouts, les pauvres peuvent être contraints de recourir à des crédits revolving, qui permettent de disposer d'un peu de réserves. Mais au final, l'addition est terriblement salée en raison du niveau du taux d'emprunt et/ou de sa dimension variable. Le système bancaire a l'art de prendre un maximum à ceux qui ont le moins. Et comme nous l'avons vu avec la crise des *subprimes*, la descente aux enfers peut se révéler vertigineuse pour celles et ceux qui ont espéré mieux vivre en empruntant.

Alors que l'État ne cesse d'accroître son contrôle des chômeurs, que la Sécurité sociale forme ses agents à la détection du mensonge, que la Caisse d'allocations familiales mène des examens de plus en plus invasifs… les plus riches ne sont suspectés de rien. Ils bénéficient même d'une kyrielle de niches fiscales. Pendant que les pauvres sont traqués, les riches qui veulent frauder ont toute une batterie de solutions à leur disposition pour échapper à l'impôt. Pendant que les plus précaires rament, l'argent des plus fortunés s'épanouit tranquillement dans des paradis fiscaux, le nombre d'agents et de moyens affectés pour lutter contre ces pratiques de placement à l'étranger, illégales sur le papier, étant totalement dérisoire.

En écrivant ces injustices majeures, une image s'impose dans ma mémoire. Je ne sais plus où c'était exactement, mais je vois le visage d'une femme avec deux enfants mendiant devant un bâtiment public qui affichait fièrement sur son fronton : « Liberté, Égalité, Fraternité. »

Le télescopage de la détresse humaine et de la promesse républicaine m'avait bouleversée. Je ne m'y ferai jamais.

Le grand gaspillage

« La recherche de l'efficacité maximale dans la mise en valeur du capital exige l'inefficacité maximale dans la couverture des besoins : le gaspillage maximum. »

André Gorz,
Ecologica, Galilée, 2008.

« Fermer son robinet en se brossant les dents est une bonne chose et ne nuit pas. Tant qu'on est lucide sur l'impact et la raison de le faire. Si vous le faites pour sauver le monde vous risquez d'être déçu, et ceux qui vous font miroiter cette ambition sont des faussaires qui, en général, y trouvent leur affaire. »

Corinne Morel-Darleux,
Plutôt couler en beauté que flotter sans grâce,
Libertalia, 2019.

De retour à la maison avec les courses, c'est le déballage. Les sols, les eaux, l'air n'y survivront pas.

Car, nous le savons, le meilleur déchet, c'est celui qui n'existe pas. Et pourtant, juste en installant chez soi les produits achetés, nous avons déjà écumé un bon volant de plastique et de carton. Ce sont ces lentilles ou ces pâtes que l'on va mettre dans un pot *ad' hoc*, avec le reste du paquet précédent, et dont on jette immédiatement l'emballage là où un achat en vrac aurait permis d'éviter qu'un paquet compact imprimé passe directement aux ordures. Ce sont aussi ces pommes ou ces kiwis apposés sur une espèce de papier dans une barquette en cellophane, elle-même recouverte d'un emballage encore en plastique, qu'il faut libérer pour les ranger dans la corbeille à fruits, alors qu'un sac fin en papier ou en bioplastique suffirait en attendant l'usage massif de petits sacs en tissu réutilisables pour les fruits et les légumes... C'est enfin ce lot de douze yaourts dont on enlève le suremballage simplement pour que les pots rentrent dans le frigo, alors que si l'on avait pu acheter pour le même prix le nombre de yaourts et les parfums de son choix, nous n'aurions pas eu à nous débarrasser de ce surplus de carton. Et que dire de ces six cannettes de boissons reliées avec du plastique pour que nous n'ayons surtout pas l'idée de n'en prendre que cinq, de ce fameux gâteau marbré que réclament les enfants en dépit de ses trois couches d'emballages, ou encore de cette crème hydratante enfermée dans un blister pour que tout le génie marketing ait la place de s'y étaler ? Les courses à peine rangées, nous avons déjà commencé à jeter, jeter, jeter, en sachant que seulement la moitié de ces emballages sera recyclé. Avant même d'avoir consommé nos achats, la poubelle a pris un dangereux volume.

Au départ, l'emballage a été conçu pour protéger les aliments contre la prolifération des germes et les chocs liés au transport. Aujourd'hui, il répond davantage aux besoins publicitaires et aux injonctions à acheter toujours plus avec ces « prix choc » et autres « offre spéciale ». C'est dire si nous sommes envahis non seulement par les incitations commerciales en tout genre mais aussi par la matière et les encres d'impression. Nous les brassons et les évacuons de façon mécanique, répétée, massive, sans nous alarmer devant chaque produit des méfaits pour notre santé, sans nous soucier à chaque instant des gaz à effet de serre ainsi produits et des ressources naturelles broyées. C'est un carnage.

Heureusement, la conscience de l'impact sur l'environnement de ce grand gaspillage a considérablement évolué. Les mouvements écologistes ont réussi, par leurs alertes, à bouleverser les représentations. De plus en plus de nos concitoyens entendent une petite voix intérieure ou extérieure qui leur met régulièrement la pression. Un jour, elle dit : *Chaque seconde, on produit dix tonnes de plastique dans le monde. Toutes les deux secondes, une tonne finit dans l'océan. À ce rythme, en 2050, il y aura donc plus de plastique que de poissons dans l'océan.* Un autre jour, une voix rappelle : *Cent milliards d'emballages sont jetés chaque année par les Français. En trente ans, le volume des déchets a été multiplié par 5, voire 50 pour certains matériaux. Quel avenir allons-nous laisser à nos enfants ?* Une autre encore : *Les encres d'impression présentes dans les cartons d'emballage sont l'une des utilisations majeures d'huiles minérales, dérivées du pétrole, qui sont soupçonnées d'être cancérogènes, perturbateurs endocriniens, et d'altérer le patrimoine génétique. L'Agence nationale pour la sécurité alimentaire a confirmé ces risques pour la santé.* Dans la cuisine, au milieu des courses à ranger, le réchauffement climatique comme la dévastation de l'écosystème qui paraissent lointains, presque irréels, se rapprochent au gré des informations, des incendies en Australie au couloir de la sécheresse en Amérique centrale, en passant par les inondations en Asie du Sud. Nous sommes amenés à nous représenter la disparition des abeilles, de certaines orchidées ou des oiseaux nicheurs. Que faire ? Les consommateurs les plus avisés, les plus déterminés à agir, n'oublieront jamais leur cabas pour éviter d'acheter des sacs en plastique. Depuis longtemps, ceux-là ont renoncé à ce lot de six donuts engoncés dans un maudit blister, à ce pack de yaourts à boire, sacrilège pour le climat parce que gorgés d'eau et d'emballage, à ces mini-paquets de bonbons, enfermés dans de petits sacs en plastique avant d'être associés dans un grand sac toujours en plastique... Si certains sont nettement plus vertueux que d'autres, chacun, chacune bricole comme il veut, comme il peut, avec les outils matériels et culturels dont il dispose.

S'immerger dans les guides pour consommateurs avisés et écologistes est évidemment une bonne idée, une bonne pratique. S'informer, changer ses comportements, on ne peut que saluer et encourager le mouvement. C'est ainsi que j'ai moi-même fait de nets progrès. Mais tous ces efforts individuels ne vaudront jamais des décisions politiques, collectives, de transformation en profondeur de notre système économique et social, fondamentalement productiviste et consumériste. D'une façon ou d'une autre, à des degrés différents en fonction de notre niveau de conscience ou de nos moyens financiers, nous participons à ce désastre parce que y échapper est mission quasi impossible. Si certains ont pris le parti de s'en moquer, de minimiser le problème ou de traiter l'enjeu par la dérision et le mépris, beaucoup s'aménagent de petits – ou grands ! – arrangements pour faire face au défi écologiste : je mange beaucoup de viande qui génère tant de dioxyde de carbone mais je roule à vélo, je prends un bain tous les jours mais je n'ai acheté aucun jouet en plastique pour mes enfants, j'adore quand il fait vingt-cinq degrés chez moi l'hiver mais je prends toutes les semaines mon panier dans une Association pour le maintien d'une agriculture paysanne, en direct du producteur, etc. Il y a aussi toutes celles et ceux qui se trouvent de fait plus vertueux parce que pauvres, ces derniers émettant quarante fois moins d'émissions de gaz à effet de serre que les riches – mais payant quatre fois plus de taxe carbone en proportion de leurs revenus ! En revanche, ce sont les premières victimes de la malbouffe ou de la précarité énergétique, qui ne résultent pas d'un choix délibéré mais d'un ensemble de contraintes sociales.

Au total, qui possède à la fois la conviction (écologiste), les moyens financiers (les produits les plus vertueux étant souvent les plus chers), le temps (pour maîtriser toutes les dimensions techniques et scientifiques permettant d'évaluer l'impact de chaque achat mais aussi pour fabriquer soi-même ses plats, prendre soin des objets, réparer ou recoudre) et la force de caractère (d'échapper à un environnement de harcèlement publicitaire) pour être un acheteur exemplaire dans une société qui ne l'est pas ? Notre quotidien est façonné par l'appel de la marchandise et le gaspillage organisé. S'il faut élever le niveau de conscience individuelle, c'est avant tout pour construire une volonté collective et une action déterminée de la puissance publique afin d'engager au plus vite la bifurcation indispensable face à la crise climatique et à la destruction de la biosphère qui mettent en jeu l'habitabilité même de la Terre.

Or aujourd'hui, c'est le discours de culpabilisation des individus qui domine. Pour faire simple, si vous triez mal vos déchets ou que vous prenez votre vieux diesel pour aller travailler parce que vous n'avez pas d'alternative, vous êtes pointé du doigt comme responsable de la crise environnementale. Bien sûr, il vaut mieux ne pas se tromper de bennes à ordures entre les vertes et les jaunes ou prendre les transports en commun dès que c'est possible. Mais ne passons pas à côté de l'essentiel, de ce qui structure les dérèglements de l'écosystème. Un rapport de l'ONG Carbon Disclosure Project a révélé qu'en réalité, c'est l'activité d'une centaine d'entreprises, majoritairement productrices d'énergies fossiles, qui serait responsable de plus de 70 % des émissions de dioxyde de carbone dans le monde. C'est sûr, s'en prendre à des grands groupes industriels suppose d'affronter le capitalisme globalisé alors que culpabiliser les citoyens ne coûte rien et ne dérange pas l'ordre existant. Mais si l'on est sérieux, on sait que les mesures macro-économiques seraient infiniment plus efficaces, plus décisives, que l'appel à la seule responsabilité individuelle. Ces politiques structurelles seraient en outre le meilleur des encouragements aux comportements personnels responsables.

Assurément, les lobbies ne ratent aucune occasion pour se mêler du chemin commun emprunté. L'émission d'immense intérêt public animée par Élise Lucet sur France 2, « Cash Investigation », a mis en lumière en 2018 les liens discrets mais solides entre des industriels de l'emballage et des mouvements de défense de l'environnement. Je me souviens en particulier de l'association Gestes propres, dont les bénévoles ramassent les déchets dans la nature : le documentaire montrait qu'elle est financée par des sociétés grandes utilisatrices de plastique pour leurs emballages, telles que Coca-Cola, Danone, Nestlé, Haribo… Face à la journaliste, le président de Gestes propres, Jean-François Molle, apparaît dans le reportage extrêmement embarrassé. On le voit admettre ce financement… mais refuser de citer les entreprises. Le *green-washing*, comme les *droits à polluer*, entretiennent une confusion sur la voie nécessaire pour nous sortir du désastre annoncé.

Pendant ce temps, les gouvernements successifs ne cessent d'emboîter le pas de la culpabilisation des consommateurs au détriment d'une prise en main sérieuse par des lois contraignantes vis-à-vis des grands groupes et des investissements publics qui permettraient de changer d'échelle dans la prise au sérieux du défi écologiste. Je cite souvent l'exemple des passoires thermiques parce qu'il me paraît révélateur. Lorsque l'on parle d'émissions de CO_2, on a souvent en tête l'image de la pollution automobile ou de cheminées d'usine crachant une fumée noire. C'est oublier que les bâtiments, résidentiels, commerciaux ou de bureaux, sont responsables de près d'un quart des émissions totales du pays. Six foyers sur dix habitent dans des logements qui pèsent sur notre empreinte carbone – 19 % des émissions de gaz à effet de serre en 2016 – comme sur les factures de gaz et d'électricité. *Fin du monde, fin du mois, même combat*... Le slogan résonne ici à merveille. La rénovation de ces bâtiments, si elle était organisée méthodiquement par l'État et avec des moyens massifs, aurait un impact tellement plus rapide et significatif que d'encourager un à un les foyers à refaire leurs fenêtres ou à boucher les trous de leurs portes par des mécanismes légaux complexes, quand ils ne sont pas carrément inaccessibles pour les personnes aux faibles revenus. Nous avons besoin d'un État stratège qui anticipe, organise, investit au lieu de légiférer à tout petits pas, avec des budgets toujours plus rabougris par le dogme de l'austérité, et des mesures toujours plus favorables au capital.

Alors que nous sommes de plus en plus nombreux à faire des efforts pour protéger la planète, j'ai l'impression que les dirigeants regardent les trains passer, en s'agitant parfois d'un discours alarmiste, en s'autocongratulant d'une miniloi de progrès environnemental, en saluant les déclarations de sommets internationaux si vite piétinés dans la réalité. Les scientifiques publient alerte sur alerte, la conscience écologiste progresse dans toutes les enquêtes d'opinion mais aucune révolution copernicienne n'a remis en cause notre modèle qui n'en est pas un. J'entends d'ici l'ex-secrétaire d'État auprès de la ministre de la Transition écologique et solidaire, Brune Poirson, s'époumoner dans l'hémicycle de l'Assemblée nationale à nous expliquer que le gouvernement a pris *toute la mesure des dangers* et s'engage à *de grandes transformations*. Mais nous avons la loi en cours d'adoption sous les yeux à cet instant où elle fait de grandes et belles phrases. Ce dont il est question, c'est l'interdiction du plastique à usage unique d'ici à… 2040 ! Le joli moulinet des discours ne change pas le réel de l'action politique. Je me souviens bien que le candidat à la présidentielle Emmanuel Macron avait publié un livre au titre sublime : *Révolution*. Mais la triangulation du vocabulaire ne suffit décidément pas à changer le réel. Ce sont les vieilles recettes qu'il faut mettre à la poubelle.

Lutter contre le gaspillage, c'est aussi assurer la durabilité des produits. Or l'hypermarché incarne à merveille l'ère du tout-jetable qui, s'appuyant sur la révolution du plastique, est devenu consubstantiel au consumérisme. Pionnier en la matière, le rasoir Gillette inaugurait il y a plus d'un siècle l'arrivée d'une série de produits à durée très limitée : les stylos Bic, les Kleenex, les appareils photo, les lingettes, la vaisselle à usage unique... Les rayons sont encore aujourd'hui remplis de marchandises éphémères. Chaque année en France, ce sont ainsi près de 100 milliards de produits en plastique jetables qui sont mis sur le marché. Le gouvernement vient enfin d'interdire les pailles, les cotons-tiges et autres touillettes en plastique. Il vaut mieux agir tard que jamais, un peu que pas du tout, mais quand il s'agit de modifier la production pour éviter la catastrophe environnementale et prendre soin de nos vies, les lois avancent au rythme de la limace. Si les discours peuvent s'enflammer un jour de Cop 21, ils se fracassent inlassablement sur l'autel de la volonté politique, celle qui permettrait de bifurquer vers une économie soutenable. Car il ne faudrait pas déranger les groupes financiers... Il ne faudrait pas non plus changer les modes de pensées et d'usages qui structurent le modèle économico-social. Même si le neuf peut n'être qu'un habillage de l'ancien, comme avec la mode du *vintage*, les valeurs cardinales du capitalisme marchand se portent sur la nouveauté et le jetable, et non sur le durable. Tout pousse à ne pas recoudre ou réparer mais à racheter. Les savoir-faire en la matière se perdent et, en dix ans, 50 % des réparateurs indépendants ont fermé boutique. Je vois pourtant naître un mouvement de balancier favorable à la réparation et au recyclage grâce à l'initiative individuelle, citoyenne ou associative. De petites et moyennes entreprises prennent aussi cet enjeu à bras-le-corps. Des ateliers de bricolage partagés ou des ressourceries se développent aux quatre coins de la France. Des tutoriels en ligne pour réparer soi-même l'électroménager se multiplient pour éviter le recours aux services après-vente. Ce n'est pas au sein du gouvernement mais une fois de plus dans la société que s'inventent, parfois avec l'appui d'élus locaux, des pratiques et des lieux de recréation. C'est cette dynamique qu'il faut impérativement soutenir et déployer.

Réparer et recycler, c'est décisif pour donner du temps aux objets, et donc réduire le phénomène désastreux du gaspillage. Dans toutes les villes, nous devrions implanter des espaces dédiés à cet effet, des recycleries, des « Repair Cafés » ou des ateliers participatifs sur le modèle de ce qui se fait pour remettre en selle les vélos. C'est à l'État de développer et valoriser une filière des métiers de réparation pour impulser un indispensable changement des mentalités et des pratiques. L'obsolescence est un mal contemporain dont la législation doit s'emparer, en commençant par s'attaquer à la question des garanties. En effet, pour amoindrir les coûts de fabrication, les firmes rognent sans cesse sur les matériaux ou les techniques d'assemblage. Résultat : des machines à café aux boutons de chemise, la longévité des produits se réduit comme peau de chagrin, perpétuant l'injonction à consommer encore et toujours plus. Qui n'a jamais ramené un appareil cassé au rayon électroménager de l'hypermarché pour s'entendre dire que la pièce de rechange n'est plus produite nulle part ? C'est pourquoi le délai de garantie constitue un puissant levier de transformation, comme le défend le sociologue engagé Razmig Keucheyan. Selon une étude de l'Ademe (Agence de la transition écologique), 80 % des marchandises sous garantie sont ramenées au vendeur ou au constructeur pour être réparées. Après échéance de la garantie, ce chiffre chute à 40 %. Le client estime alors plus simple et moins cher de racheter le produit, voire de se procurer le modèle « supérieur » qui vient de faire son apparition et promet de nouvelles caractéristiques, que de l'apporter à réparer. Étendre le délai de garantie permettrait donc de lutter contre la déperdition de ressources naturelles, d'énergie et temps, et de ralentir ainsi la course au consumérisme. Les industriels s'y opposent farouchement et préfèrent multiplier les extensions de garantie. C'est une façon d'avouer l'obsolescence de leurs produits tout en proposant de faire payer le consommateur par ces extensions très coûteuses pour le client mais sources de jolies marges pour les vendeurs. La loi pourrait, devrait imposer un délai de garantie de dix ans, comme le propose une pétition initiée par Les Amis de la Terre et soutenue par un collectif d'associations. Il manque juste la majorité au Parlement pour y parvenir. Je veux croire que ce n'est qu'une question de temps…

La vie, pour de vrai

> « On ne maintient pas les forces de la vie très longtemps. On ne retient pas les esclaves indéfiniment. Un jour, sans avertir, ils brisent leurs chaînes. »
>
> J.M.G. Le Clézio,
> *Les Géants*, Gallimard, 1973.

> « La nécessité d'hybrider le mouvement ouvrier et le mouvement écologiste se double d'une autre urgence : faire converger les producteurs et les consommateurs. »
>
> Razmig Keucheyan, *Les Besoins artificiels. Comment sortir du consumérisme*. Zones, 2019.

Le 25 janvier 2018, Intermarché a proposé une réduction de 70 % sur les pots de 950 grammes de Nutella. Des centaines de clients se sont jetés sur cette promotion inédite, s'écharpant autour de ce produit au point d'en venir aux mains et de s'arracher les cheveux. Les gendarmes ont dû intervenir. Sur la toile et dans les médias, les images de l'événement tournaient en boucle. De nombreux commentateurs se sont étonnés d'une telle agressivité pour un pot de pâte à tartiner, quand d'autres, ou les mêmes, disaient en substance : « Tout ça pour du Nutella ? Quels beaufs... » Cette scène n'avait pourtant rien d'incroyable, elle n'était qu'une hyperbole de l'ordinaire. À ce prix-là, 1,41 euro le pot de 950 grammes, contre 4,70 euros sans remise, c'était une aubaine, notamment pour celles et ceux qui ont des fins, voire des débuts, de mois si difficiles. Ne pas le comprendre, c'est déjà le signe d'un privilège de classe. Par ailleurs, le Nutella, comme les Happy Meal de McDo ou les Kinder Bueno, figure en tête des investissements publicitaires à destination des enfants, qui sont une cible de choix du marketing, notamment pour l'alimentation grasse et sucrée. Dès lors, comment s'étonner de la ruée vers cette pâte à tartiner devenue légendaire ? Tout le système en place pousse à se battre pour les produits de consommation, à foncer vers les soldes, à consommer des aliments industriels au goût formaté et à se damner pour les marques. Dans les milieux les plus confortablement installés, on s'est pourtant moqué de ces scènes, comme si le rapport pathologique à la marchandise ne traversait pas l'ensemble du corps social. Que les plus pauvres et les classes moyennes se battent pour du Nutella dans notre pays d'abondance dit à quel point nous avançons vraiment de travers. Pas eux mais *nous*, la société tout entière.

Si je ne taris pas de critiques sur l'univers des hypermarchés et centres commerciaux, je n'accepterai jamais le mépris envers les personnes qui y passent leur samedi après-midi – et pas seulement parce qu'il m'arrive d'en faire partie. J'y vois le signe d'une arrogance de classe, d'autant que ce mépris vient souvent de ceux-là mêmes qui, dans leur implication sociale, leurs pratiques culturelles ou leurs votes, soutiennent le monde capitaliste et consumériste dont l'hypermarché n'est qu'un lieu emblématique. Les représentations comme les réalités territoriales poussent le grand nombre à s'y rendre, et même à s'y disputer les produits. Comment décemment leur faire la leçon ?

Les « émeutes du Nutella » disent l'ampleur de ce qu'il faut changer dans notre regard pour transformer un réel d'exploitation et d'aliénation. Ce dont il est question, ce n'est pas, à mon sens, comme je l'entends souvent, le *pouvoir d'achat*. Ce dont nous avons besoin est bien plus fondamental : c'est de *pouvoir vivre*, de *bien vivre*. S'il faut augmenter les salaires, en commençant par le SMIC, comme le revendique souvent en premier lieu ma famille politique, c'est pour permettre un meilleur partage de la valeur ajoutée et donner à celles et ceux qui en bénéficieront la possibilité de vivre mieux et dans la dignité. Les « premiers de corvées », ainsi que nous les nommons bien souvent depuis la crise du Covid-19 et qui sont majoritairement des femmes, à l'instar des caissières, méritent considération et revalorisation de leur feuille de paie, pendant que ceux qui engrangent toujours plus de dividendes et d'allégements fiscaux devraient être contraints par la loi de mettre au pot commun. Réclamer l'augmentation des salaires, c'est le sens de l'égalité puisque aujourd'hui la déflation salariale dégage des profits qui sont immédiatement réinjectés dans le grand jeu de la finance. En revanche, viser l'augmentation du *pouvoir d'achat* peut laisser entendre que l'objectif serait d'accroître la capacité à acheter dans une société déjà malade de son consumérisme. Le sésame de l'émancipation humaine ne réside pas dans l'acte d'achat. Ce que nous avons à porter haut et fort est nettement plus ambitieux : c'est une refonte de l'ensemble des normes sociales aujourd'hui adossées au règne de l'argent et de la marchandise. Comme l'ont magnifiquement écrit, dans le *Manifeste pour les « produits » de haute nécessité*, huit intellectuels ultra-marins, dont Édouard Glissant et Patrick Chamoiseau, en pleine grève générale en Guadeloupe puis en Martinique en 2009, toute vie humaine articule le *prosaïque*, c'est-à-dire le boire-survivre-manger, et le *poétique*, dont la nourriture est faite de grands désirs intimes, de musique, de sport, de lecture, d'amour, de philosophie… L'organisation sociale et économique doit se tourner résolument vers la satisfaction de l'ensemble de ces aspirations humaines. Exiger du *pouvoir vivre*, c'est faire primer le lien social, l'utilité des activités, la soutenabilité de la production, l'enrichissement culturel, le soin, la norme du suffisant, l'entraide et la coopération sur la recherche du profit et de la croissance infinie, sur les dogmes de la compétitivité et du mérite individuel. Pour cela, l'enjeu fondamental du partage des richesses, historiquement au cœur des propositions dans la tradition du mouvement ouvrier, doit désormais s'articuler résolument à un autre défi, tout aussi décisif : qu'est-ce que l'on produit et qui en décide ?

À partir de l'hypermarché, on voit combien la course effrénée au profit et à la consommation ne permet pas de satisfaire les besoins essentiels de chacune et de chacun. Elle crée des injustices magistrales de revenus et des désirs artificiels. Elle s'appuie sur une compétition sociale, fondée sur la distinction par la possession de produits et l'identification à des marques. Elle engendre une dilapidation funeste des ressources naturelles, dont nous savons pertinemment désormais qu'elles sont limitées et que l'habitabilité même de la Terre est en jeu. Elle oriente nos envies comme nos pratiques vers la pulsion d'achat, au détriment de la relation humaine, du temps pour soi, de la santé ou de la culture. C'est pourquoi il ne s'agit pas seulement de répartir autrement la valeur ajoutée mais de penser et d'organiser tout à fait différemment la fabrication des richesses, les rapports humains, l'organisation des territoires.

Comme le proposait Bruno Latour dans un questionnaire lancé en période de confinement, le temps est venu de se demander : Qu'est-ce qu'on garde ? Qu'est-ce qu'on jette ? Autrement dit, l'interrogation révolutionnaire de notre temps est sans doute celle des besoins. L'heure n'est pas à la « relance » de l'économie, au « redémarrage » comme avant, mais à la transformation sociale et écologiste. Ce que nous produisons et consommons doit correspondre non pas à l'impératif dicté par le capital de s'accroître, mais à ce que nous jugeons nécessaire pour une vie bonne, meilleure, qui ne laisse personne sur le bord de la route. Si nous avions la possibilité de choisir, en nous émancipant de la contrainte financière, des schémas de pensée dominants et de nos habitudes, je parie que nous préférerions le cinéma à la publicité, le commerce de proximité aux grands hangars commerciaux, le produit alimentaire bon pour la santé aux plats industriels remplis d'adjuvants cancérigènes, le temps pour soi au temps pour consommer… Refonder notre société en partant des besoins authentiques, de l'exigence de soutenabilité, des principes de liberté et d'égalité, ce serait un bouleversement magistral. À l'obsession de la croissance, nous opposerions celle de l'épanouissement. Pour y parvenir, il faut changer le sens des priorités et de l'action publique afin d'enclencher le partage des richesses, des pouvoirs, des savoirs et des temps de la vie.

Identifier ce dont nous avons besoin et les moyens d'y répondre suppose de recourir à la délibération collective. Là où la puissance publique laisse le marché décider, sur la base de la logique de l'offre et de la demande soutenue par des normes légales, il est plus que temps de soumettre le développement économique et technique à des orientations définies démocratiquement. Avec les catastrophes climatiques qui ne font que commencer et la raréfaction des ressources naturelles, le monde peut, plus vite que l'on ne le croit, basculer dans des guerres sans fin et des régimes fascistes qui y répondront par l'accaparement, au profit de quelques-uns, du peu qu'il reste et par la mise au pas de la majorité des populations. L'urgence démocratique est consubstantielle à l'urgence sociale et écologique. En France, par un processus constituant une nouvelle République, nous devons vivifier en profondeur notre système institutionnel, aujourd'hui si essoufflé, et tous les rouages de la démocratie, des médias au monde du travail, en passant par la justice. C'est la condition *sine qua non* pour renouer un lien de confiance avec les Français. C'est l'une des clés majeures pour donner de l'élan et de la traduction concrète au changement. C'est l'occasion de retrouver un horizon commun pour construire l'avenir.

La panne de projection est totalement corrélée à la pénurie de sens qui traverse nos sociétés. Le choix de plus en plus de Français de changer leurs modes de consommation, en prenant leurs distances vis-à-vis de l'hypermarché, exprime une forme de lassitude et de déception vis-à-vis de la promesse de jouissance infinie par l'accumulation de la marchandise. Non seulement le système n'a pas permis de garantir à toutes et tous un revenu décent, un toit sur la tête, l'accès aux soins ou à la culture, si indispensables pour devenir un individu libre, mais nous avons collectivement été embarqués dans un mouvement d'aliénation. Dans le régime néolibéral de la consommation, l'envie d'acheter et l'aspiration à *avoir* toujours plus que les autres, toujours plus vite, a pris le pas sur l'*être* et le bien faire. Ce qui fait tourner l'économie et la société détourne de ce qui est fondamental pour s'émanciper. La liberté est progressivement mise sous surveillance, comme l'illustrent les caméras qui s'amoncellent dans les hypermarchés et ailleurs. Aux inégalités sociales, s'ajoutent de façon criante les inégalités territoriales, comme l'ont dénoncé les banlieues enflammées en 2005 ou, plus récemment, le mouvement des gilets jaunes. Rien ne va plus. La roue doit tourner.

Le « désamour des Français à l'égard des hypermarchés », expression que l'on retrouve dans de nombreux articles de presse ces derniers temps, dans *Le Parisien* ou *Le Point*, *Le Monde* ou *Challenges*, dit beaucoup plus qu'un simple désintérêt croissant pour ces grandes surfaces commerciales. Le modèle de l'hyperconsommation qu'incarnent ces temples nés des Trente Glorieuses nous épuise. Les jeunes qui manifestent pour le climat ne disent pas autre chose. Je vois partout grandir le désir de sortir nos quotidiens et nos vies de l'hypermarché. Dans *Les Géants* de J.M.G. Le Clézio, le leitmotiv de tracts anonymes assène : « Il faut brûler hyperpolis. » Le roman ne chute pas sur la fin de ce modèle par l'avènement d'un autre. Dans la critique acerbe du supermarché « hyperpolis », vanté par les Maîtres du langage, se dessine par touches successives le sens de l'alternative au mastodonte commercial et à la vie qui va avec. La mise en cause de toutes les formes d'asservissement indique bel et bien un chemin. Parce que dans le refus, dans le non, il y a toujours du plein, du oui. Dans un autre registre, la comédie dramatique *Discount*, de Louis-Julien Petit, met également en scène le soulèvement face à la déshumanisation et le gâchis. Gilles, Christiane, Alfred, Emma et Momo, caissiers d'un hypermarché discount, sont menacés de perdre leur place avec l'arrivée de caisses automatiques. Les cinq collègues se transforment en Robin des bois des temps néolibéraux. S'unissant pour détourner du pilon les denrées alimentaires périmées ou en passe de l'être, ils créent une épicerie autogérée, initialement dans l'idée de « se payer sur la bête », puis finalement par solidarité avec les plus pauvres qu'eux. Là encore, la fin du film nous laisse sur notre faim parce qu'elle est tragique. Comme si c'était à nous d'inventer la suite, en partant du sentiment de révolte qu'inspire la part de réel de cette fiction après d'autres. Comme si l'époque était au regain de l'esprit critique avant le partage d'une nouvelle vision globale de transformation sociale et écologiste, digne du XXIe siècle, avant l'alliance de toutes les forces individuelles et collectives, de toutes les expérimentations concrètes et pensées critiques, à même de donner naissance à un monde nouveau, émancipé de la folie de la possession.

Ce sont des choix politiques qui façonnent les réalités quotidiennes que l'on peut observer dans et autour des hypermarchés et galeries commerciales. Loin de la valeur marchande qui organise aujourd'hui nos réalités, ce sont d'autres choix politiques qui peuvent nous en sortir. Partir des besoins quotidiens, liés à la vie, la vraie, c'est sans doute le meilleur moyen de ne pas s'égarer. C'est s'arrimer à l'essentiel, à l'urgence, à ce en quoi la politique a du sens.

(RES)SOURCES

Essais

Jean-Claude Daumas, *La Révolution matérielle. Une histoire de la consommation. France XIXe-XXIe siècle*, Flammarion, collection « Au fil de l'histoire », 2018.

Jean Baudrillard, *La Société de consommation*, Denoël, Folio essais, 1970.

Edward Bernays, *Propaganda. Comment manipuler l'opinion en démocratie*, préface de Normand Baillargeon, La Découverte, Zones, 2007.

Vincent Chabault, *Éloge du magasin. Contre l'amazonisation*, Gallimard, collection « Le débat », 2020.

Luc Boltanski et Ève Chiapelle, *Le Nouvel Esprit du capitalisme*, Gallimard, 2011.

Pierre Bourdieu, *La Distinction*, Les Éditions de minuit, 1979.

Denis Colombi, *Où va l'argent des pauvres. Fantasmes politiques, réalités sociologiques*, Payot, 2020.

Naomi Klein, *No Logo. La tyrannie des marques*, Actes Sud, 2000.

Anthony Galluzzo, *La Fabrique du consommateur. Une histoire de la société marchande*, Zones, 2020.

Philippe Garnier, *Mélancolie du pot de yaourt. Méditation sur les emballages*, Premier Parallèle, 2020.

Jérôme Baschet, *Adieux au capitalisme. Autonomie, société du bien-vivre et multiplicité des mondes*, La Découverte, 2016.

Ernest Breleur, Patrick Chamoiseau, Serge Domi, Gérard Delver, Édouard Glissant, Guillaume Pigeard de Gurbert, Olivier Portecop, Olivier Pulvar, Jean-Claude William, *Manifeste pour les « produits » de haute nécessité*, Éditions Galaade, 2009.

Joseph Heath et Andrew Potter, *Révolte consommée. Le mythe de la contre-culture*, L'échappée, 2020.

Marlène Benquet, *Encaisser ! Enquête en immersion dans la grande distribution*, La Découverte, 2013.

André Gorz, *Écologica*, Galilée, 2008.

Lettre à D. Histoire d'un amour, Galilée, 2006 ; rééd. Gallimard, « Folio », 2008.

Misères du présent, richesse du possible, Galilée, 1997.

Liberté et écologie, Galilée, 1977.

[Je me borne ici aux ouvrages d'André Gorz en lien avec des passages de mon livre. Et je ne résiste pas à conseiller également la magnifique biographie de Willy Gianinazzi, *André Gorz. Une vie*, parue à La Découverte en 2016.]

David Graeber, *Bullshit jobs*, Les Liens qui Libèrent, 2018, rééd. en poche 2019.

Hervé Kempf, *Pour sauver la planète, sortez du capitalisme*, Seuil, 2009, rééd. Points essais, 2014.

Razmig Keucheyan, *Les Besoins artificiels. Comment sortir du consumérisme*, Zones, 2019.

Bruno Latour, *Où atterrir ? Comment s'orienter en politique*, La Découverte, 2017.

Henri Lefebvre, *Critique de la vie quotidienne*, L'Arche éditeur, 1958.

Le Droit à la ville, Anthropos, 1968.

Dominique Méda, *Au-delà du PIB. Pour une autre mesure de la richesse*, Champs actuel, Flammarion, 1999.

Le Temps des femmes, Champs actuel, Flammarion, 2001.

La Mystique de la croissance. Comment s'en libérer, Champs actuel, Flammarion, 2014.

Corinne Morel-Darleux, *Plutôt couler en beauté que flotter sans grâce. Réflexions sur l'effondrement*, Libertalia, 2019.

Loïc Prud'homme, *Malbouffe. Un député met les pieds dans le plat*, Thierry Souccar Éditions, 2019.

Jean Rouaud, *L'Avenir des simples*, Grasset, 2020.

Hartmut Rosa, *Accélération. Une critique sociale du temps*, La Découverte, 2010.

Anna Sam, *Les Tribulations d'une caissière*, Stock, 2008.

Bernard Stiegler, *L'emploi est mort, vive le travail ! Entretien avec Ariel Kyriou*, Mille et Une Nuits, 2015.

Aurélie Trouvé, *Le business est dans le pré*, Fayard, 2015.

Thorstein Veblen, *Théorie de la classe de loisir*, Gallimard, 1970.

Jean-Marc Villermet, *Naissance de l'hypermarché*, Armand Colin, 1991. [Ce livre offre une vision réifiée de la société de consommation, des « hommes lucides » qui ont donné corps à « l'innovation », mais fourmille d'informations précises sur la naissance des hypermarchés.]

Slavoj Zizek, *Fragile absolu. Pourquoi l'héritage chrétien vaut-il d'être défendu ?*, Flammarion, 2008. [J'ai des désaccords profonds avec cet intellectuel critique très prisé, notamment en raison de son insistance à considérer l'écologie ou le féminisme comme totalement secondaires puisque ces combats détourneraient, selon lui, de l'enjeu central contre le capitalisme, mais je dois dire que certaines de ses analyses puisant dans les registres marxistes et freudiens sont parfois redoutables de finesse. En l'occurrence, son chapitre sur le « Coca-Cola envisagé comme objet petit a » est savoureux, et il est à l'origine de mes réflexions sur le sujet.]

Journaux et revues

AOC Media, Bastamag, L'Humanité, Mediapart, Regards et *Reporterre* m'ont apporté une foule d'informations et de réflexions, que l'on ne trouve souvent pas ailleurs et qui ont participé à la maturation de cet essai comme à offrir des exemples concrets.

Romans

Alain Damasio, *Les Furtifs*, La Volte, 2019.

Annie Ernaux, *Regarde les lumières mon amour*, Seuil, collection « Raconter la vie », 2014.

Lola Lafon, *La Petite Communiste qui ne souriait jamais*, Actes Sud, 2014, rééd. Babel.

J.M.G. Le Clézio, *Les Géants*, Gallimard, 1997.

Agnès Ledig, *Juste avant le bonheur*, Albin Michel, 2013.

George Perec, *Les Choses*, 1965, rééd. Pocket, 1990.

Zola, *Au bonheur des dames*, 1883 [réédité en poche aujourd'hui dans plusieurs collections].

Films

Édouard Bergeon, *Au nom de la Terre*, 2019.
Stéphane Brizé, *La Loi du marché*, 2015.
Ken Loach, *Moi, Daniel Blake*, 2016.
Andrew Niccol, *Time Out*, 2011.
Louis-Julien Petit, *Discount*, 2015.

Documentaires

Cash investigation, émission présentée par Élise Lucet, « Travail, ton univers impitoyable », diffusée sur France 2 le 26 septembre 2017 [avec une enquête décapante sur Lidl] ; « Plastique, la grande intox », diffusée sur France 2 le 11 septembre 2018.

Geoffrey Couanon, *Douce France*, 2020.

Divers

J'ai puisé de précieuses ressources sur plusieurs sites d'associations telles que Les Amis de la Terre, Attac, Oxfam, Greenpeace et UFC-Que choisir, qui fournissent un travail de contre-expertise et de veille considérable et particulièrement précieux.

L'alternative Carma pour le Triangle de Gonesse est consultable sur cette page Internet : http://carmapaysdefrance.com

MERCI !

Je tiens d'abord à remercier Clément Ourgaud, Pablo Livigni et Céline H. pour le temps comme les conseils précieux et précis qu'ils m'ont apportés tout au long de l'écriture de cet essai.

Une nouvelle fois, mon éditrice Juliette Joste m'a fait confiance, dans un registre si différent de mon précédent livre, *Dites-lui que je l'aime*. Je la remercie pour son regard décidément aiguisé, à la fois exigeant et bienveillant.

Un grand merci à Zohra Abdallah, pour nos échanges et les luttes concrètes au Carrefour de Sevran.

À mon ami Éric A. qui m'a permis de trancher la forme.

À Aurélie Trouvé, Razmig Keucheyan et Cédric Durand pour nos discussions qui ont nourri cet ouvrage.

À Elsa Faucillon, mon amie et ma complice politique, pour sa confiance et son enthousiasme.

À Pierre-François Grond, pour m'avoir si rapidement donné son avis, qui m'importe et me rassure.

À Alban Pellegris, pour sa réactivité et son aide précise.

À mon oncle Olivier, toujours là pour me pousser à aller plus loin.

Parce que je ne serais pas celle qui écrit cet essai, et d'autres, sans les années partagées avec eux à *Regards* et ailleurs, merci à Catherine Tricot et Roger Martelli de m'aider à penser.

Et parce que je ne sais pas faire sans lui, merci à Guillaume L.

Composition et mise en pages
Nord Compo à Villeneuve-d'Ascq

Cet ouvrage a été imprimé
par CPI Firmin-Didot au Mesnil-sur l'Estrée
pour le compte des éditions Grasset
en septembre 2020.

PAPIER À BASE DE
FIBRES CERTIFIÉES

Grasset s'engage pour
l'environnement en réduisant
l'empreinte carbone de ses livres.
Celle de cet exemplaire est de :
300 g éq. CO_2
Rendez-vous sur
www.grasset-durable.fr

N° d'édition : 21662 – N° d'impression : 159969
Dépôt légal : octobre 2020
Imprimé en France